# 智慧城市建设的政府责任

ZHIHUI CHENGSHI JIANSHE DE ZHENGFU ZEREN

吴 楠 / 著

合肥工业大学出版社

# 目　录

## 第三部分　智慧城市的权变与守常



## 第四部分　智慧城市建设中的政府责任体系

## 第五部分　政府因应智慧城市发展的能力建设



## 第六部分　智慧城市建设中政府责任体系的运行保障

# 第一部分

## 导言：城市变革与政府责任

## 一、智慧城市：城市发展的新阶段

城市是人类对自然环境最重要的改造，是人类与自然互动关系的产物。地貌、位置、物理结构、规模、密度、经济功能等都是城市形成与延续的重要因素。它通常在旧有集市的基础上形成，交通环境方便，覆盖一定面积人群和房屋。“城”为行政地域的概念，即人口的集聚地；“市”为商业的概念，即商品交换的场所。一般而言，城市是工业与教育、科技、商贸、交通等现代服务业集聚的区域，人口、建筑物高度密集，具有作为腹地辐射一定区域的能力。随着全球城市化进程的推进，城市逐渐成为人类最为重要的组织形态。

城市是人类社会空间结构的一种基本形式，承担了多项功能，是一定区域范围内政治、经济、文化的中心。城市居民以非农业人口为主，古代城市的职能多以政治中心、军事城堡或商业集市为主要标志。现代城市的形成和发展以工业化为动力，第二及第三产业高度集聚，发展出若干技术设置、行政机器、机构和组织，是地区经济社会发展赖以依托的支撑点。劳动分工、职业与工作专门化带来了新的思维和习惯，经过若干年代的积累，城市拥有了一套特有的共同习惯、情感与传统实践，成为一个各种风俗和传统组成的整体，一种文化象征，以及重要的文化传播者，社会生活与思想观念上的革新总是从城市传入农村。城市是人类文明的重要载体，是社会进化的一个阶段，可以说，一部城市的历史几乎等同于一部文明史。[①]

城市的进化是人类的发展过程，城市的发展决定了人类的未来。城市的发展包括生态过程、经济过程和文化过程。城市

① ［美］罗伯特·E. 帕克等：《城市：有关城市环境中人类行为研究的建议》，渠敬东主编，杭苏红译，北京：商务印书馆 2016 年版，第 192—218 页。

发展满足了特定地区居民的基本需求，这包括当地居民，也包括那些依赖于城市效能的更大区域的居民。现代城市代表人类文明史上的新纪元，城市飞速发展，科技日新月异，社会经济、政治、文化和生活发生了巨大的变化。更为重要的是，城市发展创造的动能呈现出蓬勃之势。科技飞跃让生产力得到了极大的提高，然而，我们不能只关注物质产物。有如约翰·戈达德所提到的："就像19世纪经济发展问题一样，人民关注制造蒸汽机的技能可是没有关注蒸汽动力在产品和流程上的广泛应用，也没有关注那些通信技术迅速发展而导致的组织生产系统内的变化。"物质力量并不是最重要的，重要的是物质力量给人们生产生活带来的一系列的影响。①

智慧城市是以物联网、云计算和大数据为代表的信息技术革命与城市发展需求相结合的必然产物。科学技术与经济、政治、文化、军事等社会其他部分的关系日趋紧密，科学技术成为第一生产力。随着通信基础设施的发展，世界互联互通过程的快速推进，信息化数字化革命推动城市的变革。城市是全球网络的节点，现代城市面临着多方面的挑战和机遇。新兴技术创造新兴产业、更新经济社会组织形式、改变人们的生活方式，数字化和信息化是无所不在的力量。科学原理和技术方法被引入社会管理领域，公共行政、博弈论、信息论等社会技术持续兴盛，经济社会政治行为日益科学化。技术是能够被加以控制和理性运用的，我们需要充分认识正在发生的变化，反思我们的经济、社会和政治体制，深入审视技术所催生的社会变革，积极确立一套共同的价值观，引导政策选择并实施相关改革，把握新兴技术带来的发展机遇。

---

① ［英］彼得·霍尔：《文明中的城市》（第一册），王志章等译，北京：商务印书馆2016年版，第1358页。

亚里士多德曾说过："人民一起来到城市生活，留在那里是为了更好的生活"。[①] 拥有更美好的生活是人们永恒的愿望，也是城市发展的使命。美好的愿望离不开城市秩序的保障。城市秩序总是要比数字秩序复杂得多，其不仅仅是某一方面的问题，而是深刻反映了人们在理念、习惯、价值观上的分歧。中国是个"转型与发展中的大国"。在"发展"的意义上，最重要的问题就是城市化，而中国的城市化进程才刚刚过半。[②] 中国城市发展面临的最为迫切的挑战就是如何实现发展的平衡，协调城市快速发展与绿色可持续、资源利用高效、公共服务健全等同步发展而产生的问题。城市发展承担着不断满足社会公众对美好生活的需要，提高社会公众的安全感、获得感和幸福感的使命。中国城市发展的空间还很大，城市发展正在经历"量子变革"。智慧城市是城市发展的新阶段，是城市组织的高级形态。技术变革和制度完善能够大大提升城市的发展潜力，发挥技术和制度红利，将城市发展拓展到更广阔的空间。建设智慧城市的实质就是利用先进的信息技术、创新的思维方式，有效解决城市发展中的问题，实现城市智慧式治理和运行，进而为城市中的人创造更美好的生活，促进城市的和谐、社会的文明。

## 二、政府：智慧城市建设的第一责任人

"政府"一词，起源于唐宋时期的"政事堂"和宋朝的"二府"，是两名之合称。政府作为秩序化统治的一个条件，

① ［英］彼得·霍尔：《文明中的城市》（第一册），王志章等译，北京：商务印书馆2016年版，第7页。

② 陆铭：《大国大城：当代中国的统一、发展与平衡》，上海：上海人民出版社2016年版，第20页。

是国家权威的表现形式，亦是人类文明的重要组织形式。[1] 广义的政府代表着社会公共权力，是指国家的立法机关、行政机关和司法机关等公共机关的总和，即“政府就是国家的权威性的表现形式”。狭义政府是国家权力机关的执行机关，是国家政权机构中的行政机关，即一个国家政权体系中依法享有行政权力的组织体系。近代以后，一般是从狭义来理解政府，即政府就是国家行政机关。[2] 我国宪法中的“人民政府”就是指各级行政机关，即狭义的政府。政府是实施国家职能的物质载体，在依法对国家和社会公共事务进行管理时，发挥应有的职能，承担相应的责任。政府职能是指政府管理国家事务的职责和能力，表现为政府活动的目标、任务和过程，从属于国家职能，涵盖政治、经济、文化、社会多个领域。广义的政府职能，包括立法职能、司法职能和行政职能。狭义的政府职能主要是指行政职能，即国家行政机关的职能，总的说来就是执行法律和管理政务。[3]

综观各国政府职能的具体内容，都是随着经济社会的发展不断变化和发展的。在自由资本主义时期，市场经济是一切经济社会生活的主宰，政府对个人生活干预越少越受欢迎，被称为“守夜人”。可是随着 20 世纪 30 年代经济危机的爆发，“市场失灵”问题引起了社会的重视，人们期待并要求政府对市场失灵、财富分配不公、垄断、环境恶化、弱势群体保护等问题采取有效措施，“政府干预”成为弥补“市场失灵”的灵丹妙药。然而，伴随着政府对经济生活干预的逐渐扩大，政府机构臃肿、体制落后、官僚作风、对经济社会干预过多等引起

① 扶松茂:《责任政府与政府改革》,《学术论坛》2002 年第 1 期。

② 郭小聪:《论国家职能与政府职能》,《中山大学学报（社会科学版）》1997 年第 2 期。

③ 吴新平、张庆福:《论我国的政府职能》,《学术交流》1989 年第 2 期。

的经济“滞涨”等问题，又倒逼政府对传统的官僚行政体制进行改革。20世纪70年代末以来，西方国家掀起了公共行政改革运动，并迅速扩散，形成世界性的改革浪潮。《联合国千年发展目标》提出：“政府的职能是实现经济和社会的可持续发展，最终提高全体人民的生活水平。政府应通过自身职能的履行，特别是通过治理改革，提升机构能力，有效制定和实施公共政策等来实现经济和社会的可持续发展，满足公众日益增长的公共服务需求。”当今世界，政府职能最大的转变就是从传统的强调行政统治和管制，转变为强调社会服务和治理。治理是一个上下互动的管理过程，通过合作、协商伙伴关系，确立和认同共同目标等方式实施对公共事务的管理。[①] 治理可以被界定为，决定权力在社会中的行使——，其中包括就公众所关注的问题作出决策的方式，以及公民在公共决策中获得发言权的方式——的传统机构和过程。具体表明了社会实际上是怎样作出选择，分配资源以及创造共同价值的，它涉及的是社会的决策和公共领域中意义的创造。[②]

政府职能的行使由政府拥有的公权力加以保障，权力是一种社会影响，更是一种人际互动关系。权力存在扩张性，行政权力已逐渐成为最有影响力的一种权力。[③] 政府治理强调公权力在多元治理主体之间运用和分配的平衡。发展至现代社会，对待公共权力的态度应该是有共识的，那就是正确处理权力与权利的关系，控制公权力，保障私权利，形成公权力与私权利的协调发展。行政权是公权力的典型体现，相对于私权利，公

① 俞可平：《治理和善治：一种新的政治分析框架》，《南京社会科学》2001年第9期。

② ［美］珍妮特·V. 登哈特、罗伯特·B. 登哈特：《新公共服务：服务，而不是掌舵》，丁煌译，北京：中国人民大学出版社2010年版，第64页。

③ 苏晓宏：《法理学原理》，北京：法律出版社2013年版，第158页。

权力并不是自然生成的。作为“公意的最高指导”，公权力是社会共同体的象征。政府运用公权力的目的是保障公民的权利，权力等同于职责。政府对公权力的运用，是行政职能的履行，以社会公益为目的，具有不可放弃性。政府既是行政权力的载体，是社会公共利益的维护者和代表者，也是行政权力的运用者和责任的承担者。能够调动、统筹社会力量推进智慧城市建设的唯有政府，因为政府拥有垄断性的强制公权力。不过，政府的公权力也是社会公众个人私权利的最大威胁，城市建设成功与否的问题也进一步转换成为政府公权力形成与运用是否得当的问题。伴随着新技术带来的竞争加剧、权力下放和再分配，政府能否以最有效、最个性化的方式提供更广泛的服务，需要接受公众的评估。如果政府积极适应当今飞速变革的时代，使其组织结构具有透明度和效率，政府就会具有竞争力。①

追求城市文明是城市秩序建立的起点。实现这种文明需要正视两个因素，一个是个人自我、自发的主张，一个是合作、稳定的秩序。文明等人类追求的社会价值是这两个因素在交织发展中达到的一种平衡。找到并维持这种平衡需要一种独立而强大的控制力。通过这种强控制力施加给每个人的压力或激励，在社会中保持着一种张弛有度的动态平衡。这种社会控制强力主要表现为公权力。公权力是国家的职能，由各个政治组织共同完成，其意义在于促使人们主动维护社会文明进程，阻止人们从事不符合社会秩序价值的行为。所以，在解释制度的时候，理想的成分是具有决定性意义的。权威性理想可以归结为一定时间和地点的社会秩序的图画。人们所最熟悉的理想成

① ［德］克劳斯·施瓦布：《第四次工业革命转型的力量》，李菁译，北京：中信出版社 2016 年版，第 72 页。

分的作用是在适用什么标准时看到的。[①] 许多标准都包括一种合理性的观念。我们需要运用权威性的理想去衡量辨别我们追求的秩序是什么、控制的目的是什么，以及如何在特定的社会和背景中解释和适用规则，防止社会控制力成为掌握公权力的代理人手中恣意表现个人意愿的工具。建设智慧城市，必须首先明确这一体系的权威性理想是什么，确立权威性理想是政府推动智慧城市发展过程中必须正视的问题和应承担的责任，这也是为进一步明确政府的责任打下坚实的基础。

伴随着经济社会深远而普遍的变革，对于理想的探讨不仅是一个思想的过程，更是一个人类关系法律化的真实过程。法律是社会控制的主要手段，法律规范具有非法律规范在现实中所缺乏的制度性资源，比如其由专门机构制定、解释和适用，有明确的适用条件，具备强制性的执行力。这些制度性资源确保了法律规范在实践中能够使责任得到实践，有效地解决其他规范比如道德所难以解决的课责、制裁等问题。责任是基本的法律概念，是法律思维和推理的一个基本构件。[②] 政府的权力主要是来源于社会所有成员的让与或授权。权力的行使应该受法律的约束，有公民对政府的让与或授权，公民能够参与权力的决策，实现公权力在政府与公民之间的良性互动。就权力的作用点而言，不能超越法律的范畴，否则就会导致越权、越位。[③] 法律责任是一套服务于社会功能的社会实践，通过义务伦理明确什么是可接受的行为，什么是不可接受的行为。智慧

---

① ［美］罗斯科·庞德：《通过法律的社会控制》，沈宗灵译，北京：商务印书馆 2013 年版，第 21—22 页。

② ［澳］皮特·凯恩：《法律与道德中的责任》，罗李华译，北京：商务印书馆 2008 年版，第 3 页。

③ 罗敏：《法治型政府视阈下地方政府权力清单制度研究》，《成都理工大学学报（社会科学版）》2016 年第 1 期。

城市发展必须建立在法治的基础上，其有序发展离不开法律的保驾护航。

事实上，每一项重要的战略推动都依赖于广泛的参与者（公私双方）、各种制度体制以及多项责任性机制，包括市场性的、政治性的，以及法律性的。在科技革命和观念更新的影响下，政府、市场、社会以及他们与个人之间的关系都发生了改变，权力结构日趋复杂，政治、经济和社会权力正在形成新的平衡。明确职能和责任，完善治理体系，是政府、市场、社会发挥各自作用的基本着力点。政府是否能够及时转变思维、加快体制改革以提高智慧城市的创新动能、减少应用风险，以及赢得公众信任，关乎政府存在的合法性、制度的有效性，这对于政府是一项严峻的挑战。政府有责任引导政策选择并实施改革，不断完善对权力的运用与分配，带领其他治理主体共建智慧城市发展价值观，让数字变革成为所有人的机遇。为此，政府必须时时注意对自身职能作出合理的调整，以适应飞速变革的智慧城市发展的需要。

城市建设体系中的责任主体包括政府、社会主体（社会组织、企事业单位）、社会公众（不特定的自然人）。城市基础设施、公共服务供给基本依靠政府，其生产由政府、社会力量合作完成，消费主体是社会公众。政府承担基础设施和公共服务供给的责任，为了保障供给和生产，必须承担制定规范、维护市场秩序、协调公共资源、确保服务质量和安全、执行公共服务规范并对违反制度的行为及时采取行动等责任。社会主体作为社会产品的生产者必须承担起确保服务质量和安全、遵守公共服务规范等责任，也同时鼓励其承担推广创新、敬业专业、凝聚社会信心等主观责任。社会公众作为消费主体应当在享有自身获得公共服务权益、不侵犯公共利益和他人利益的同时，争取主观责任的实现，也就是如何能够更好地形成对自身发展目标的信念约束，承担起爱护公共设施、诚实守信、尊重他人合法权益等责任。各主体之间发生交互性的社会关系，责任是维系这些关系的基础，是各参与方之间普遍存在的关系，是城市建设体系中的核心概念。政府责任贯穿了整个城市建设体系，为城市建设供给与需求的结合打下基础，政府是城市建设责任体系里的第一责任主体。

智慧城市体系承袭了原有城市体系的社会关系网络，但由于信息化数字化智能化技术的融入，各治理主体之间交流的内容和形式发生改变，各主体承担的责任形式和内容也随之产生变化。各责任主体应当规范使用信息化数字化智能化设施，作为发展智慧城市的第一责任主体——政府，任务更重、责任更大。政府不仅应当带头规范使用新兴技术，还应当尽快制定出新兴技术使用规范、智能公共服务标准和发展规范，填补立法空白。新兴技术不仅是种技术革命，还是一种思维革命，考验的是政府的社会治理能力，智慧城市建设涉及对象范围广、影响深，在引发客观责任的同时，还需强调政府对主观责任的重视。政府应当主动加强对新兴技术的研究与探讨，积极适应新兴技术带来的变革，加大对工作方式方法的创新。

我国是人民民主专政的社会主义国家，政府的权力是人民赋予的，政府的宗旨就是“为人民服务”，政府行为的最基本原则就是“对人民负责”。我国处于关键的社会转型期，转变政府职能，改进政府公共管理方式，成为迫切的社会需求。习近平总书记在党的十九大报告中指出：“转变政府职能，深化简政放权，创新监管方式，增强政府公信力和执行力，建设人民满意的服务型政府。”政府最重要的任务就是为发展创造适合的环境。“打造共建共治共享的社会治理格局。加强社会治理制度建设，完善党委领导、政府负责、社会协同、公众参与、法治保障的社会治理体制，提高社会治理社会化、法治化、智能化、专业化水平。”政府制定制度也执行制度，负有为制度塑造良好运行环境的责任，也负有主动适应社会，实现工作方式方法创新的责任。

2014 年 8 月，国家发展和改革委员会同工业和信息化部等国家八部委印发《关于促进智慧城市健康发展的指导意见》，明确指出：“城市人民政府是智慧城市建设的责任主体，要加强组织，细化措施，扎实推进各项工作，主动接受社会监督，确保智慧城市建设健康有序推进。”打造适应智慧城市发展的环境，政府不仅要加快信息通信基础设施的建设，还要从观念、制度和行政管理能力建设入手，更深入、更创新地改善整体的治理结构，提高治理实效。一是要加快电子政务的推广应用，利用数字技术辅助决策与执行，增强对数据资源的运用和管理，为社会公众提供更加便捷、高效、优质的服务。二是提高公共行政过程的透明度，不断缩小不同群体之间的“数字鸿沟”，建立新型合作模式，提升治理效率。三是当好多方治理主体的召集者与助成者，牵头制定出台各项标准，推动各主体的自身能力建设，以公共服务为中心，激励各方力量投入到以人为本的智慧城市建设中去。四是吸引和鼓励企业、社会组织、个人进行合作，打造创新动力中心，必要时为其他治理主体提供训练与帮助，比如整合技术资源、资金资助与组织支持，通过自我治理方式的革新带动整体社会力量的创新。总之，一定要坚持“以人民为中心”，积极适应、运用新兴技术，通过深化改革、发挥政府职能、明确政府责任，有效推动智慧城市的建设。

## 三、展开研究的思路

1990 年美国加利福尼亚州圣弗朗西斯科举行了主题为“智慧城市，快速系统，全球网络”的会议，讨论如何以“智慧”的信息通信技术来推进城市竞争力和可持续发展的经验。美国 IBM 公司 2008 年提出“智慧地球”的概念。2010 年美国提出加强智慧型基础设施建设和推进智慧应用项目的经济计划，欧盟制定了智慧城市框架。东亚的日本、韩国纷纷行动，加快智慧城市建设，新加坡也提出了“智慧国 2015 计划”。中国从国家层面首次提到智慧城市是 2012 年 1 月颁布的《国务院关于印发工业转型升级规划（2011—2015 年）的通知》，该通知从推进物联网应用的角度，明确了智慧城市的应用领域。2014 年 3 月，中共中央、国务院印发《国家新型城镇化规划（2014—2020）年》，提出利用大数据、云计算、物联网等新一代信息技术，推动智慧城市发展，首次把智慧城市建设引入国家战略规划。2014 年 8 月，经国务院同意，国家发展和改革委员会等八部委联合印发了《关于促进智慧城市健康发展的指导意见》。经过几年的发展，我国已有 300 多个国家智慧城市试点。

党的十八大以来，党中央高度重视互联网、发展互联网、治理互联网。习近平总书记就网络强国战略提出的一系列新思想新观点新论断，深刻回答了事关网信事业发展的一系列重大理论和实践问题。习近平总书记在 2016 年 4 月召开的网信工作座谈会上强调：“要以信息化推进国家治理体系和治理能力现代化，统筹发展电子政务，构建一体化在线服务平台，分级分类推进新型智慧城市建设”，在主持就实施网络强国战略进行第 36 次集体学习时再次强调：“我们要深刻认识互联网在国家管理和社会治理中的作用，以推行电子政务、建设新型智慧城市等为抓手，以数据集中和共享为途径，建设全国一体化的大数据中心，推进技术融合、业务融合、数据融合，实现跨层级、跨地域、跨系统、跨部门、跨业务的协同管理和服务。”可见，以互联网、云计算、物联网、3S 等新一代信息技术为支撑的智慧城市不仅是未来城市的高级形态，更是发挥互联网在国家管理和社会治理中作用的抓手，是信息化创新发展与城市治理融合的必由之路。

“社会存在决定社会意识”是唯物史观的思想源头。智慧城市改变了客观存在，影响了社会意识，逐步形成新型的城市发展理念。“发展理念是发展行动的先导”，我们应当积极思考智慧城市的发展，主动迎接变革，为智慧城市发展创造良好的环境。政府主导了公共权力的行使、国家决策的形成，拥有强制力和多元机制，是一个制度与行为的集合体。城市建设是政府的职能，亦是政府的责任。智慧城市的发展与政府职能的行使相互作用，在互动中实现发展的目标。《智慧城市建设的政府责任》正是在习近平网络强国战略思想的统领下，立足“以人民为中心”的立场，以智慧城市发展和政府职能行使这一交互的视角，展开对智慧城市的认识，实现对智慧城市建设中政府责任的剖析。全文共有六章，分别为：

第一章，城市变革与政府责任。本章作为全书的导言，以城市变革为切入点，展开对政府在城市变革过程中应发挥的作用及应承担的责任的认识，从宏观上阐述了选题的由来和行文的思路。

第二章，智慧城市的缘起与沿革。本章通过对智慧城市演进过程的分析，加深对研究对象的理解，结合社会转型的时代背景，把握智慧城市建设的基本遵循。

第三章，智慧城市的权变与守常。本章紧扣智慧城市的发展特点，融合科学文化和人文文化，从提升城市治理能力的角度，探寻政府引导和统筹下的智慧城市建设的中心和重点。

第四章，智慧城市建设中的政府责任体系。本章旨在通过分析责任的内涵展开对政府责任的认识，将政府责任体系放入政治、法律和行政的综合维度之中，调动多样机制，发挥责任制度对智慧城市建设的保障作用。

第五章，政府因应智慧城市发展的能力建设。能力是承担责任的基础，本章立足智慧城市建设实践需求，围绕有效发挥政府职能、切实承担政府职责，分析提升政府治理能力的途径，提高智慧城市治理实效。

第六章，智慧城市建设中政府责任体系的运行保障。责任是具有实践性的概念，应当在实践中发挥实效，本章探寻通过把握价值理念、制度建设、技术性设计和多元化监管等多层面、全方位举措，最大限度地发挥政府责任的作用，保障智慧城市的健康有序发展。

责任是制度体系的重要组成部分，服务于制度的功能化目标。全书着眼智慧城市建设中政府责任的研究，旨在通过分析政府在智慧城市建设中的责任基础、内涵和实现途径，明确智慧城市的发展目标，即政府为什么要推动智慧城市的发展，以期丰富智慧城市的相关研究和实践。由于智慧城市建设是一项系统的社会工程，本书涉及的内容较为综合，在日后的研究工作中，将不断充实和拓展研究的内容，更加注重挖掘研究的深度，以期取得更多的研究成果。

# 第二部分

## 智慧城市的缘起与沿革

事物的本质决定着事物的发展。事物发展的历史脉络折射出事物最本真的面貌，是展开研究的起点。智慧城市的形成与发展是一个渐进的过程。把握这个发展的过程，必须追本溯源，梳理清楚它的缘起与现状。智慧城市的内涵十分丰富，从提出、探讨到尝试实践，再到制度构建，呈现出蓬勃进取、包容开放的发展状态。智慧城市丰富的内涵为我们未来的城市建设提供了很多思路，同时，也对我们是否能够把握好城市的发展方向提出了挑战。政府承担着建设智慧城市的责任，界定政府责任，必须明确政府的职能及其应发挥的作用，而这一切都建立在正确认识智慧城市的基础之上。

## 一、智慧城市的演进

### （一）智慧城市的发端

城市应人类经济社会文化发展需要而生，城市发展推动了人类进步。可是，无论在中国还是世界其他国家，对于越来越快的城市化进程，人们普遍存在着忧虑。根据联合国的统计，到2050年，66%的世界人口将居住在城市。今天的城市已经生产了全球80%的GDP，但是它们也消耗了全世界将近2/3的能源，排放了全球70%以上的温室气体。① 越晚进行城市化的国家，其城市化的速度越快。根据国外既往的发展经验看，一国的城市化水平在达到70%之前，其城市化的速度都没有明显的放缓迹象。② 人口增多、公共服务需求增长、供给相对不足、空气质量下降等等“城市病”接踵而来。从20世纪后

① ［美］卡罗尔 L. 斯蒂梅尔：《智慧城市建设——大数据分析、信息技术与设计思维》，李晓峰译，北京：机械工业出版社2017年版，第10页。

② 陆铭：《大国大城：当代中国的统一、发展与平衡》，上海：上海人民出版社2016年版，第178页。

半叶开始，不同领域的专家致力于运用技术与改善管理来解决城市发展过程中出现的问题，从多个视角提出了各种城市发展新理念，比如“新城市主义”“精明增长”“宪章城市”“紧凑城市”“绿色城市”“数字城市”“宜居城市”，等等。这些新理念为城市未来发展提供了新的思路和途径。“智慧城市”正是这些城市发展新理念中的佼佼者，得到了越来越多的关注。

“智慧城市”的理念吸收了很多新兴技术和新兴理念的优秀成果。随着信息化数字化智能化技术日新月异的发展，有关智能和信息城市的研究不断深入，人们特别关注信息与通信技术在20世纪晚期城市发展中的作用，以及对城市规划和城市体系的影响。美国学者曼纽尔·卡斯特在《网络社会的崛起》中建构了一个系统的信息社会理论，描绘了社会信息化和社会网络化对社会的经济、政治、文化及其他各方面的具体影响。威廉·J. 米切尔在《比特之城：空间·场所·信息高速公路》一书中形象地提出城市的“电子化身”，指出“对于设计者和规划者来说，21世纪的任务是建设比特圈——一个世界范围内的电子中介环境，网络扩散到每个角落，在其中运行的大多数人造物（从纳米到全球的各个层次上），都具有智能和电信能力，它将覆盖并最终取代人类已在其间浸淫甚久的农业和工业景观。”[①] 能源危机、城市低密度无序蔓延等社会问题，倒逼着城市规划与管理提高质量，实现高效、低碳、有序的健康发展。信息、生物、物理、公共治理等领域的叠加创新，为在解决“城市病”的过程中实现城市可持续发展提供了新的可能性。

① ［美］威廉·J. 米切尔：《比特之城：空间·场所·信息高速公路》，范海燕、胡泳译，北京：生活·读书·新知三联书店1999年版，第167页。

"智慧城市"的理念起源于上世纪末。1990年，美国加利福尼亚州圣弗朗西斯科举行了主题为"智慧城市，快速系统，全球网络"的会议，讨论如何以"智慧"的信息通信技术来推进城市竞争力和可持续发展的经验。[①] 2007年10月，欧盟在《欧盟智慧城市报告》中率先提出关于智慧城市发展的创新性构想。2008年，美国外交关系理事会召开了"技术、国际关系和主权"研讨会，时任IBM公司首席执行官彭明盛提出了"智慧地球"（smarter planet）的概念，其认为下一代领导人和公民可以利用当前技术应用状态和处理各种事务的能力，改进和提升整体事务的运行体系和各种产业。IBM在美国纽约发布《智慧地球：下一代领导人议程》的主题报告中，首先提出"智慧地球"的理念、内涵、设想和行动，希冀把新一代信息技术充分运用在人们所面对的各行各业中。并在2008年11月25日，连续发布了4篇评述来阐述这一战略构想。[②] 2010年IBM市民项目（IBM Citizenship）开通了智慧城市挑战（Smarter Cities Challenge）网站，帮助与其签约的城市，围绕如何更加智慧、有效率地运行城市，与这些城市共同探讨发展智慧城市的基础环境。IBM公司关注信息通信技术的应用，致力于提高城市整体的信息感知、互联互通。在新一轮信息技术革命浪潮的推动下，大型新兴技术公司和一批理论研究人员，将"智慧城市"的概念与实践联系了起来，把智慧城市建设推向了深入。

---

① David V Gibson, George Kozmetsky, Raymond W Smilor. The Technopolis Phenomenon: smart cities, fast systems, global networks? [R]. Washington DC: Rowman & Littlefield Publishers, 1992.

② 牛文元：《智慧城市是新型城镇化的动力标志》，《中国科学院院刊》2014年第1期。

## （二）智慧城市的概念

“智慧城市”是一个内涵丰富的概念，对于“智慧城市”的概念解读，目前在理论界和实务界尚无统一的标准。可能正是因为存在多种创新的出口，学者、机构、商业公司等研究主体都热衷于对智慧城市的具体内容进行探讨，从自己研究的视角对智慧城市的内涵予以界定。

智慧城市概念的奠基人——IBM 公司对于智慧城市的认识是：在城市发展过程当中，在其所管辖的环境、公共事业、城市服务、本地产业发展中，充分利用信息通信技术（ICT），智慧地感知、分析、集成和应对城市在行使经济调节、市场监管、社会管理和公共服务政府职能的过程中的相关活动和需求，创造一个更好的生活、工作、休息和娱乐环境。[①] Rudolf Giffinger 等提出智慧城市可以从六大坐标维度来界定，即智慧经济、智慧管理、智慧流动、智慧环境、智慧公众、智慧生活。[②] 李德仁等认为智慧城市是在数字城市的基础框架上，通过物联网将现实世界与数字世界进行有效融合，由云计算中心处理其中海量和复杂的计算，为城市管理和公众服务提供更智能化的服务。[③] 全国人大原副委员长成思危先生认为，“智慧城市”狭义地说是使用各种先进的技术手段来改进城市管理，促进城市发展；广义上说是如何尽可能优化地配置各种核心的

---

① IBM 商业价值研究院：《智慧的城市在中国》，参见 https：//doc. mbalib. com/view/b0dc42f99579a972ed7f12dc13da3d55. html.

② Rudolf Giffinger，etc. Smart cities——ranking of European me dium-sized cities. Centre of Regional Science，Vienna UT，2009，（10）：11-12.

③ 李德仁、姚远、邵振峰：《智慧城市的概念、支撑技术及应用》，《工程研究》2012 年第 4 期。

资源，管理与发展好城市。[1] 上海辞书出版社出版的特大型综合性辞典——《大辞海》，在其世界地理卷中对智慧城市的定义为：以新一代的信息技术为支撑并基于下一代创新（创新2.0）环境下的城市信息化高级形态。不仅要求将物联网、云计算、大数据等新一代信息技术充分运用于城市经济、社会民生、公共服务和政府决策管理等各行各业，更重要的是构建有利于创新涌现的制度环境与生态，实现以人为本的可持续创新。有助于促进信息化与工业化、城市化的深度融合，缓解“大城市病”，推动城市转型发展，亦是提高城市可持续发展能力、实现城市精细化和动态管理以及提升城市竞争力的重要途径。中华人民共和国住房和城乡建设部在2012年发布的《关于开展国家智慧城市试点工作的通知》中给出了一个智慧城市的内涵框架：智慧城市是通过综合运用现代科学技术、整合信息资源、统筹业务应用系统，加强城市规划、建设和管理的新模式。

由国务院发布，国家发展和改革委员会、工业和信息化部联合牵头，会同科技部、公安部、财政部、国土资源部、住房和城乡建设部、交通运输部八部委起草的《关于促进智慧城市健康发展的指导意见》中明确提出了中国智慧城市发展思路、建设原则、主要目标以及发展重点。其指出：智慧城市是当今城市发展的新理念和新模式，是推动政府职能转变、推进社会管理创新的新手段和新方法，是新一代信息技术创新应用与城市转型发展深度融合的产物，是城市走向绿色、低碳、可持续发展的本质要求。智慧城市建设有利于促进城市基础设施更加智能、公共服务更加便捷、社会管理更加精细、生态环境

---

① 成思危：《“智慧城市”需要四大要素》，参见 http：//www. cb. com. cn/index. php？ m = content&c = index&a = show&catid = 23&id = 131037&all.

更加宜居、产业体系更加优化、信息安全有效保障，有利于形成城市可持续发展的长效机制，有利于全面提升城市发展质量和水平，促进工业化、信息化、城镇化、农业现代化同步发展。

智慧城市概念呈现出开放式的内容，不同研究对智慧城市概念的认知也存在差别，容易与智能城市、海绵城市、信息化城市、无线城市、数字城市等相近相关联的概念相互混淆。这些一定程度上的不确定，也是从另一个方面说明了智慧城市的内涵十分丰富，既包括为城建基础提供技术物质支持的“硬件”，也包括实现硬件服务价值和保障硬件发挥应然作用的制度体系等“软件”。智慧城市是城市现代化概念的重要组成部分。信息通信技术（ICT）是城市现代化和智慧化发展的技术基础，提高资源管理效率和服务水平，是智慧城市的重要目标。[①] 总之，智慧城市并不等同于信息化数字化智能化技术，也不等同于技术的智能化应用，而是包括理念、思维、生产生活方式等各个方面的智能化转型升级和智慧应用服务升级。智慧城市的规划应用不可分拆，而是要将城市设施与服务作为一个整体系统，加以统筹应用。

### （三）关于智慧城市的学术探索

国外对智慧城市的研究相较于国内要早一些，上海社会科学院信息研究所编写的《智慧城市辞典》和《智慧城市论丛》是国内较早地系统介绍国内外智慧城市建设理念和实践的文献资料。以“智慧城市”为主题词在中国知网文献数据库中进行检索可以发现，国内公开发表的对智慧城市的研究从2005

① 中国信息通信研究院、中国欧盟政策对话支持项目：《中欧智慧城市比较研究报告（2014）》，北京：商务印书馆2015年版，序言。

年开始，2005 年仅有 2 篇相关文献，2009 年相关文献为 59 篇，2005 至 2009 年间相关文献为空白。2009 年开始，智慧城市相关研究每年都在成倍增长，2013 至今，每年的相关文献量稳定在 3000 至 4000 篇之间。可以看出，智慧城市相关研究得到了越来越多的重视，尤其是进入实践快车道的近五年，学者的研究热情十分高涨。从学科分布来看，虽然多数研究集中在经济学和计算机工程学，但是涉及面越来越广，从经济到行政管理，从建筑工程到自然地理，从电力到档案，从法治到教育，从社会到党建，所及学科达 40 余个，涵盖了经济文化社会的多个方面。

整体上看，无论是国外还是国内，围绕智慧城市的研究内容都十分广泛，方法多样，规范性与实证性研究并驾齐驱，主要可以分为智慧城市发展趋势的研究，技术支持的研究，治理体系的研究，评价体系的研究，案例比较研究，以及理念价值的研究。随着我国智慧城市建设由概念阶段进入到专业领域建设和实践阶段，我国学者对智慧城市建设方面的关注焦点，也从智慧城市概念和解决方案等逐步转向了智慧医疗、智慧交通和智慧社区等专业领域的研究。大多数研究成果是从城市治理角度出发的。这些文献中又以实践模式、发展、理论和评价及顶层设计等类型为主，特别是与实践模式和发展道路相关的文献。实践模式为国内城市在智慧城市整体或者是某业务领域的建设模式和做法，这类文献多以案例研究为主。与发展道路相关的文献主要包括发展趋势、面临问题、解决途径、发展模式和发展现状等主题。而理论类文献主要是以内涵、概念、理念、建设理论、逻辑架构和建设体系等为主题。总体上看，我国智慧城市研究虽然涉及专业广泛、研究方法丰富，但是尚缺乏思想上的统领，解题思路并不清晰，理论贡献也不够显著。

## 二、智慧城市的发展环境

### （一）智慧城市的蓝图

智慧城市概念一经提出，立刻引起了学术界和实务界的广泛关注，各个国家竞相开展相关规划，积极响应时代发展需要，将智慧城市建设作为提升城市乃至国家竞争力建设的重要组成部分。

奥巴马就任美国总统后，积极回应 IBM 提出的“智慧地球”概念，并将其上升为美国国家战略的一部分，用以应对当时的金融危机和规划国家长期发展计划，这一举措被称为是美国的新经济增长点，也是美国宣称的在 21 世纪不做世界第二的支撑。[①] 随后，IBM 与美国迪比克市合作建设了全美第一个智慧城市。2009 年，英国政府推出了一份纲领性文件《数字英国》，主题是通过改善基础设施，提供更好的数字服务，从而将英国打造成世界“数字之都”。2014 年起，由通信公司 Arqiva 与节能公司 Sigfox 合作，在英国的十大城市，包括伦敦、爱丁堡和利物浦等地架设低耗电网络，规划并实践物联网。[②] 2017 年 3 月 1 日，英国政府发布《英国数字战略》，对未来如何推动数字转型作出了响应。伦敦在智慧能源、智慧交通、智慧科技等多方面均有成就。

除了欧美国家，亚洲国家尤其是东亚国家也在积极打造智慧城市建设的基础规划。以打造智能社会为目标，韩国通信部在 2004 年就提出了“U-Korea”战略，于 2006 年 3 月确定总

① 牛文元：《智慧城市是新型城镇化的动力标志》，《中国科学院院刊》2014 年第 1 期。

② 智能电子集成网：《看英国如何玩转智慧城市》，参见 http：//smartcity.asmag. com. cn/zhcs/897. html.

体政策规划。2009年，通过“U-City”综合计划，将其纳入国家预算。2011年6月，韩国以首尔为试点，发布“智慧首尔2015”计划，该计划将首尔推举成为全球的信息通信技术领军城市，成为智慧科技用以提升可持续性和竞争力的示范。基于物联网的国家信息化战略，2004年日本总务省提出了“U-Japan”战略。2009年7月，日本政府IT战略本部公布“i-Japan”战略，将物联网云平台等新兴技术列为国家重点战略内容，提出要在2015年实现“安心且充满活力的数字化社会”。20世纪80年代，新加坡提出了“智慧岛”计划，2006年启动了“智慧国2015计划”，以创新、整合和国际化为原则，确立了“智慧化立国”发展理念，2014年，又提出了“智慧国家2025”10年计划，努力实现智慧建设的全域化。

2009年，IBM发布了《智慧地球赢在中国》计划书，并相继争取与中国的多个省市签署“智慧城市”共建协议，引起了社会各界对智慧城市建设的广泛关注。2012年11月，为适应智慧城市发展的趋势，中华人民共和国住房和城乡建设部办公厅发布了《国家智慧城市试点暂行管理办法》和《国家智慧城市（区、镇）试点指标体系（试行）》，国家智慧城市试点申报工作正式展开。2012年12月，在中国工程院组织起草并发布的《中国工程科技中长期发展战略研究报告》中，列出“智能城市工程”，将其作为中国面向2030年30项重大工程科技专项之一。随着对智慧城市认识的深入，智慧城市建设的重要性体现得越来越显著，已经逐步融入国家战略层面，成为提升国家治理能力、完善国家治理体系，实现网络强国战略的重要组成部分。习近平总书记在2016年的网信工作座谈会上提出：“要以信息化推进国家治理体系和治理能力现代化，统筹发展电子政务，构建一体化在线服务平台，分级分类推进新型智慧城市建设”，在主持就实施网络强国战略进行第

36 次集体学习时指出："我们要深刻认识互联网在国家管理和社会治理中的作用，以推行电子政务、建设新型智慧城市等为抓手，以数据集中和共享为途径，建设全国一体化的大数据中心，推进技术融合、业务融合、数据融合，实现跨层级、跨地域、跨系统、跨部门、跨业务的协同管理和服务。" 2017 年 12 月 8 日下午，习近平在主持实施国家大数据战略第 2 次集体学习时强调："要运用大数据提升国家治理现代化水平。要建立健全大数据辅助科学决策和社会治理的机制，推进政府管理和社会治理模式创新，实现政府决策科学化、社会治理精准化、公共服务高效化。"

当前，中国已经成为全球智慧城市建设最为火热的国家。据德勤最新发布的一份《超级智慧城市报告》（Super Smart City：Happier Society with Higher Quality）表示，目前全球已启动或在建的智慧城市已达 1000 多个，中国在建 500 个，远超排名第二的欧洲（90 个）。[①]

### （二）我国对智慧城市发展的制度支持

自新型智慧城市理念被提出以来，我国无论是在制度设计，还是在政策的出台与落实上，都予以了大力支持和积极引导。中国从国家层面首次提到智慧城市是 2012 年 1 月颁布的《国务院关于印发工业转型升级规划（2011—2015 年）的通知》，该通知从推进物联网应用的角度，明确了智慧城市的应用领域。2012 年 6 月，国务院发布了《关于大力推进信息化发展和切实保障信息安全的若干意见》，提出：提高社会管理和城市运行信息化水平，推动城市管理信息共享，加快实施智能电网、智能

① 《智慧城市报告：中国数量最多在建已超过 500 座》，参见 https：//baijiahao. baidu. com/s？ id = 1594085120622850952&wfr = spider&for = pc.

交通等试点示范，引导智慧城市建设健康发展。国务院于2013年8月发布《关于促进信息消费扩大内需的若干意见》，明确提出要在有条件的城市开展智慧城市试点示范建设，支持公用设备设施的智能化改造升级，鼓励各类市场主体共同参与智慧城市建设，鼓励符合条件的企业发行募集资金用于智慧城市建设的企业债。同年，国务院发布的《"宽带中国"战略及实施方案》，为智慧城市提供网络基础设施支持。2014年3月，中共中央、国务院印发《国家新型城镇化规划（2014—2020）年》，提出利用大数据、云计算、物联网等新一代信息技术，推动智慧城市发展，首次把智慧城市建设引入国家战略规划。2014年3月，国家发展和改革委员会发布的《国家新型城镇化规划(2014—2020年)》中明确提出了要推进智慧城市建设，并指明了智慧城市建设方向。同年8月，国家发展和改革委员会、工业和信息化部、科技部、公安部、财政部、国土资源部、住房城乡建设部、交通运输部八部委联合印发了《关于促进智慧城市健康发展的指导意见》，该《意见》提出：到2020年，建成一批特色鲜明的智慧城市，聚集和辐射带动作用大幅增强，综合竞争优势明显提高，在保障和改善民生服务、创新社会管理、维护网络安全等方面取得显著成效。

针对新时期的城市发展形势和人民的需求，2015年10月，党的十八届五中全会强调"创新、协调、绿色、开放、共享"五大发展理念，为城市发展赋予了新的内涵，为智慧城市建设提出了新的要求。为响应新时期的建设要求、落实党中央对城市工作的指示，2015年底，中央网信办、国家互联网信息办提出了"新型智慧城市"概念。2016年3月17日，正式公布的我国《国民经济和社会发展第十三个五年规划纲要》使用了"新型智慧城市"的概念，提出："以基础设施智能化、公共服务便利化、社会治理精细化为重点，充分运用现代信息技术和大数据，建设一批新型示范性智慧城市。”同年7月，国务院印发《国家信息化发展战略纲要》，指出：加强顶层设计，提高城市基础设施、运行管理、公共服务和产业发展的信息化水平，分级分类推进新型智慧城市建设。近三年，国务院相继出台了《关于促进大数据发展的行动纲要》《中国制造2025》《新一代人工智能发展规划的通知》《进一步深化“互联网+政务服务”推进政务服务“一网、一门、一次”改革实施方案》等重要的规范性文件，中央网信办、国家发展改革委会同有关部门联合印发《关于开展国家电子政务综合试点的通知》、工信部印发了《促进新一代人工智能产业发展三年行动计划（2018-2020）》，大力推动数字化信息化技术的应用和发展。这一系列规范都涉及智慧城市建设，为智慧城市中电子政务、智慧交通、人工智能等方面的发展提供重要指导。

为了进一步落实、细化智慧城市的发展，国家相关部门也从各自管辖领域出发，出台了一系列的意见和规定，将智慧城市建设落到实处。工业和信息化部制定了多项与智慧城市相关的规划，为智慧城市建设打下基础，包括《信息安全产业“十二五”发展规划》《物联网“十二五”发展规划》《电子商务“十二五”发展规划》《信息化和工业化深度融合专项行动计划（2013—2018）》等。住房和城乡建设部办公厅2012年正式发布了《关于开展国家智慧城市试点工作的通知》，并印发了《国家智慧城市试点暂行管理办法》和《国家智慧城市（区、镇）试点指标体系（试行）》两个文件，开始试点城市申报。国家测绘地理信息局于2012年颁布《测绘地理信息科技发展“十二五”规划》，2013年出台《智慧城市时空信息云平台建设试点技术指南》，2015年印发了《关于推进数字城市向智慧城市转型升级有关工作的通知》，2017年公布新一版的技术大纲《智慧城市时空大数据与云平台建设技术大纲

(2017 版)》，为建立智慧城市提出了技术支撑。2017 年，交通运输部办公厅为了有效提升交通运输数字化、网络化、智能化水平，印发了《推进智慧交通发展行动计划（2017—2020 年)》和《智慧交通让出行更便捷行动方案（2017—2020 年)》。此外，中国城市科学研究会与国家开发银行签署《“十二五”智慧城市建设战略合作协议》，国家开发银行在“十二五”后三年内，提供不低于 800 亿元的投融资额度支持中国智慧城市建设，并以此为契机，加强与国家相关部门在智慧城市试点示范城市（镇）基础设施方面的合作。

为了加强统筹协调和部门间协作配合，经商中央网络安全和信息化领导小组办公室，国家发展和改革委员会同教育部、科技部、工业和信息化部、公安部、民政部、财政部、人力资源社会保障部、国土资源部、环境保护部、住房城乡建设部、交通运输部、水利部、农业部、商务部、卫生计生委、质检总局、食品药品监管总局、旅游局、中国科学院、中国工程院、证监会、能源局、测绘地理信息局、国家标准委 24 个部门联合成立了“促进智慧城市健康发展部际协调工作组”，形成了国家层面跨部门统筹协调的工作模式，建立了联络员会议制度、信息报送制度等部际协调工作机制，加强了智慧城市推荐过程中的统筹协调和跨部门沟通配合，为加强我国智慧城市顶层设计、健康有序发展提供了有效的制度保障。[①] 2015 年，“促进智慧城市健康发展部际协调工作组”更名为“促进新型智慧城市健康发展部际协调工作组”，并在之后的《新型智慧城市建设部际协调工作组 2016—2018 年任务分工》中明确了部级协调工作组中 25 个成员部门的任务职责。

① 新型智慧城市建设部际协调工作组：《新型智慧城市发展报告 2015—2016（上卷)》，北京：中国计划出版社 2016 年版，第 3—4 页。

与此同时，为了保障智慧城市稳定在预期轨道中发展，不要背离发展的初衷，国家还始终重视智慧城市的评估体系建设。2016 年 11 月 22 日，国家发展和改革委员会、中共中央网络安全和信息化领导小组办公室、国家标准化管理委员会联合发布《关于组织开展新型智慧城市评价工作，务实推动新型智慧城市健康快速发展的通知》，要求根据相关评价指标，开展新型智慧城市评价工作。评价指标体系特点：1. 围绕老百姓的便捷感、安全感、获得感、公正感、幸福感“五感”，突出智慧城市建设的应用效果和民众感受，以人为本，不以平台建设、投资规模为导向。2. 反映政府公共政策的制定能力、城市社会的治理能力、公共服务的能力、危险应对的能力、城市经济转型能力“五种治理能力”。3. 充分体现不同区域之间、不同类型城市之间的差异性，增加对不同区域经济发展水平和智能设施发展程度的综合考虑。①

## （三）迅速展开的地方实践

根据《国家智慧城市试点暂行管理办法》和《国家智慧城市（区、镇）试点指标体系（试行）》的规定，申报国家智慧城市试点应具备以下条件：智慧城市建设工作已列入当地国民经济和社会发展“十二五”规划或相关专项规划；已完成智慧城市发展规划纲要编制；已有明确的智慧城市建设资金筹措方案和保障渠道，如已列入政府财政预算；责任主体的主要负责人负责创建国家智慧城市试点申报和组织管理。

按照住房城乡建设部 2012 年 12 月发布的《关于开展国家智慧城市试点工作的通知》，经过地方城市申报、省级住房城

① 陈畴镛、王磊、周青：《网络强国战略与浙江实践》，北京：科学出版社 2016 年版，第 304 页。

乡建设主管部门初审、专家综合评审等程序，2013 年 1 月住房城乡建设部公布了首批国家智慧城市试点共 90 个。2013 年 5 月，为进一步推动国家智慧城市试点工作，住房城乡建设部发布《关于开展国家智慧城市 2013 年度试点申报工作的通知》，启动了第二批国家智慧城市试点申报工作，103 个城市（区、县、镇）成为国家智慧城市试点。① 2015 年 4 月 7 日，住房城乡建设部和科技部公布了第三批国家智慧城市试点名单，确定北京市门头沟区等 84 个城市（区、县、镇）为国家智慧城市新增试点。② 截止至 2016 年，据统计，发改委、住建部、工信部、交通部、科技部与国标委、国家旅游局、国家测绘局等部门组织的智慧城市相关试点共有 597 个。③

各省市在城市总体发展战略的指导下，结合各地实际，也纷纷做好本地智慧城市建设的发展规划，实现智慧城市设计和城市总体发展规划的统一。

2012 年 3 月，北京市政府发布《智慧北京行动纲要》，编制了《智慧北京关键指标责任表》和《智慧北京重点工作任务分工》，围绕“智慧北京”建设，针对部门和行业、区县、市级重点领域三个层次明确了责任主体。2016 年，市政府推出北京通 App，通过移动互联，方便市民使用包括智慧政务、智慧交通、生活服务、智慧旅游等在内的所有城市服务。

上海市在 2010 年提出“创建面向未来的智慧城市”战

---

① 《住建部公布 2013 年度国家智慧城市试点名单试点总数已达 193 个》，参见 http：//www. mgov. cn/complexity/info1308. htm.

② 《住房城乡建设部办公厅科学技术部办公厅关于公布国家智慧城市 2014 年度试点名单的通知》，参见 http：//www. mohurd. gov. cn/wjfb/201504/t20150 410_220653. html.

③ 《全国 597 个智慧城市试点面临首次“大考”》，参见 http：//gz. house. 163. com/16/1112/08/C5LIRPQM008782AS. html.

略，2011年9月发布了《上海市推进智慧城市建设2011—2013年行动计划》。为了推进“互联网+”与城市服务应用的结合，2016年，上海市人民政府分别与上海联通、上海移动和上海电信在沪签署“互联网+”战略合作协议，打造亚太领先的“互联网+”标杆城市。

2009年8月，深圳市政府与广东电信、广东移动、广东联通共同举行战略合作协议签约仪式，开启全面建设“数字深圳”。为了更好地应用信息通信技术，让市民享受到无处不在的智能服务、智能保障和信息体验，深圳市交通部门推出了“U交通战略”，逐步实现“U服务”“U保障”和“U体验”。

杭州市于2012年发布了《智慧杭州建设总体规划(2012—2015)》，2014年，杭州提出发展信息经济、推动智慧应用的“一号工程”，2016年10月，杭州市政府在云栖大会上宣布推出“城市大脑”智慧城市建设计划。目前，杭州已经成为全球最大的移动支付之城。

2010年，武汉提出建设智慧城市的战略，并被国家科技部列为国家“863智慧城市”项目两个试点城市之一（另一个试点城市是深圳）。在武汉市智慧城市工作组的领导下，智慧城市的工作全面铺开，构建了基于“中国云”的智慧城市基础设施及智能处理基础平台，打造了智慧城市决策展示系统和服务民生工程的用户体验系统，建立了“易行江城”智慧交通系统，集成行车停车诱导、车驾管服务等40多项功能，等等。

宁波市是在全国范围内率先推出智慧城市整体规划的城市之一。2010年9月，宁波市委、市政府正式发布《关于建设智慧城市的决定》，随后出台《加快创建智慧城市行动纲要(2011—2015年)》。政府通过与大型技术公司合作，搭建了“互联网+政务服务”平台，实现各部门之间的资源共享和互联互通。

合肥市在智慧城市建设的智能化应用方面积极实践，合肥市政府与18家智慧城市战略合作伙伴签署了合作协议，启动了智慧停车系统，智慧医疗系统，智能建筑，还与科大讯飞合作打造“互联网+政务服务”。2017年8月，合肥市成立了安徽省首个数据资源局，这在国内也是走在了前列。2017年底，腾讯公司与安徽省、合肥市签署两级战略合作协议，助力安徽省与合肥市在双创生态、智慧交通、AI医疗、“互联网+”等领域的战略发展。

### （四）多层面的国际交流

智慧城市建设蓬勃发展，智慧城市建设的交流合作逐步成为我国对外交流合作的重要方面。通过交流与合作，能够为我国智慧城市建设吸取丰富的先进技术、运营模式和管理经验，还能够通过智慧城市建设这一面镜子，将中国发展模式、中国经验和中国风采传播到更广泛的国际领域之中。可喜的是，智慧城市的发展受到了包括政府、企业、社会公众的普遍关注，对外交流合作已经在各个层面广泛铺展开来。

中国政府大力支持智慧城市建设的国际合作，积极举办了中国智慧城市（国际）创新大会、中国智慧城市国际博览会、中欧绿色和智慧城市峰会、全球TMF智慧城市峰会、中国智慧城市（国际）创新论坛、世界互联网大会和世界物联网博览会等国际顶级会议，为智慧城市高端交流与合作搭建平台，实现国内外智慧城市建设技术和理念的交流。中国电子科技集团公司、华为技术有限公司、中兴通讯股份有限公司等大型技术型企业也积极投入智慧城市的产业、技术与标准合作、交流，参与到全球范围智慧城市建设之中，成为智慧城市交流与合作的参与者、推动者。华为技术有限公司的智慧城市解决方案已经成功应用于全球40多个国家的100多个城市。我国政府和企业还深入参与到 ISO、IEC、ITU-T 三大国际标准化组织的国际标准化工作中，为国际智慧城市标准化作出了贡献。通过深度参与国际标准化组织工作、双边合作项目，我国新型智慧城市评价指标正在逐步国际化，受到国际影响的同时也影响着国际标准的制定。

近年来，中国与英国、美国、德国、法国等国家的智慧城市标准化双边合作取得了积极进展，中英不仅在 2016 年正式成立“中英智慧城市标准化工作组”，还同时启动了中英繁荣基金项目“智慧城市标准与两国贸易合作”。2016 年 10 月 30 日—11 月 13 日，国家发改委高科技产业司等 8 个有关司局，前往英国伦敦、曼彻斯特开展智慧城市培训。工业和信息化部与欧盟委员会通信网络内容和技术总司共同开启了“中欧绿色智慧城市”合作，国家发改委城市与小城镇中心和法国展望与创新基金会分别于香港、深圳主办了第一、二届“中欧绿色和智慧城市峰会”，落实《中欧城镇化伙伴关系共同宣言》，搭建中欧绿色和智慧城市平台，共计有 30 个欧洲城市和 40 个中方城市获得了各类奖项。[①] 中外城市共同分享如何建设绿色可持续发展的智慧城市，探讨了智慧城市发展面临的问题和可行的解决方案。

## 三、智慧城市建设的基本遵循

### （一）智慧城市呼应时代变革

人类文明的发展经历了农业社会、工业社会，而今迈入了信息社会，生产力与生产关系的互动塑造着人类整体社会结

---

① 《50 个中欧城市入选〈中欧智慧城市发展报告〉》，参见 http://www.sohu.com/a/194731854_237395.

构，也在塑造和改变着城市的样态。城市变革与工业革命相伴相生，工业革命推动了人类生产力的提高、商业的繁荣，也促进了城市的形成与发展。第一次工业革命，蒸汽机开创机械生产；第二次工业革命，电力带动规模化生产；第三次工业革命，大型计算机、半导体和互联网等催生了计算机革命。20世纪与21世纪之交，物联网、数字技术、材料、生物、物理等领域诞生了一大批新兴技术，孵化出颠覆性的量子理论、人工智能等科学技术成果。与第三次工业革命相比，数字技术更为精深、一体化程度更高，引起了全球经济与社会的深刻变革，被称为第二次机器革命、第四次工业革命。[①] 城市发展是人类经济社会文化共同作用的结晶，城市发展在多大程度上接受、适应这次工业革命带来的变革，是决定城市进步、人类文明发展的主要因素。政府、公共机构、私营部门都应当深入反思我们的城市体系，积极拥抱新兴技术变革带来的时代变革，为人民造福。

新中国的城市化进程并不是一帆风顺，也有过曲折，在改革开放后，迈入了发展的快车道。改革开放以来，中国的城市化率从1978年的17.92%提高到了2017年的58.52%。城市化进程加快，城市化过程中出现的问题也集中出现，公共资源相对不足、交通拥堵、环境污染等关乎民生的城市问题给城市的治理带来了巨大挑战。城市发展贯穿整体社会的构建，既要有量的增长，也必须涵括质的提高。量的增长表现为城市数量上的增加和城市规模的扩大，从全国范围来看，体现为城市化进程的百分比；质的提高表现为城市经济发展水平、基础设施的完备、城市功能的完善、城市治理水平的提升，以及城市居

---

① ［德］克劳斯·施瓦布：《第四次工业革命转型的力量》，李菁译，北京：中信出版社2016年版，第4—6页。

民所享受到的城市公共服务、体现出的精神风貌，从跨区域范围来看，体现为城市的综合竞争力以及居民的幸福感。城市化的不同阶段，城市治理者对于城市量和质的把握有所区别。城市发展到中期阶段，基本体系形成，居民需求转换，城市发展必须突破质的瓶颈，关注民生福祉、完善城市公共服务、保护发展环境、不断释放城市发展活力，实现城市发展质的飞跃。

党的十八大提出了“新型城镇化”的概念，要求“按照统筹城乡、布局合理、节约土地、功能完善、以大带小的原则，促进大中小城市和小城镇协调发展”。新型城镇化是城镇化发展的新阶段，是适应经济社会发展规律的选择，成为当前我国城镇化发展的重要战略和方向。2014 年 3 月，中共中央、国务院印发了《国家新型城镇化规划（2014—2020 年）》，明确提出了要“推进智慧城市建设，统筹城乡发展的物质资源、信息资源和治理资源利用，推动物联网、云计算、大数据等新一代信息技术创新应用，实现与城市经济社会发展深度融合”。新型城镇化已经成为新时代我国城镇化发展的战略目标。智慧城市建设和新型城镇化建设相辅相成，新型城镇化引领智慧城市的发展方向，智慧城市为新型城镇化发展提供有力支撑。在国家新型城镇化发展的背景下，智慧城市建设符合城市发展趋势，体现了新型城镇化道路集约、智能、绿色、低碳、可持续的本质要求。智慧城市的出现和发展正是源于城市可持续发展的内在需求，作为经济转型、产业升级、城市发展的新引擎，智慧城市是一个城市的整体发展战略。如果说可持续发展理论是未来城市发展的理论依据，那么与之内涵一致的“智慧城市”则可以被看作是可持续发展理论的实例典范。①

---

① 邓贤峰、张晓伟：《城市“智慧化”发展的趋势研究》，《电子政务》2011 年第 4 期。

2014 年，IBM 在北京举办了“中国智慧城市发展与合作论坛”，发布了《引领更具竞争力的智慧城市 3.0 时代——创新、和谐、中国梦》白皮书，指出“智慧城市”将从新产业、新环境、新模式、新生活、新服务五大方面支持“新型城镇化”发展：智慧城市充分利用信息互通和共享，挖掘新服务，分析确定优先改善领域，推动城市产业结构转型；“智慧城市”可以有效地提升能源管理和环境监控，从而保护环境；智慧城市建设模式将呈现多元化、定制化趋势，通过特许权经营、公私合营、企业主导建设运营、电信运营商主导建设运营等多种模式，共同建设智慧城市；智慧城市建设可以有效提升市民的生活水平，还可以加强政府管理，促进服务型政府转型，帮助打造和谐城市的典范。[1] 智慧城市建设对城市的生产方式、生活方式、交换方式、公共服务、政府决策、市政管理、社会民生等方面产生巨大而深远的影响。智慧城市是城市发展的新模式，是工业化、信息化和城镇化的深度融合。通过智慧城市建设，能够统筹物质、信息和治理资源，推动新一代信息技术在教育文化、医疗卫生、劳动就业、社会保障、环境保护、交通出行、防灾减灾等公共服务领域创新应用，促进城市人居环境不断改善。

## （二）智慧城市立足治理需要

联合国人居组织在 1996 年发布的《伊斯坦布尔宣言》中提出，“我们的城市必须成为人类能够过上有尊严、身体健康、安全和充满希望、生活美满的地方”，这也代表了全球人民对于建设美好城市、成就生活之美的希冀和愿景。信息化与

① 《中国智慧城市发展与合作论坛举行〈引领更具竞争力的智慧城市 3.0 时代〉白皮书发布》，参见 http：//roll. sohu. com，/20140328/n397385813. shtml.

经济全球化是21世纪世界发展的两大趋势。智慧城市是信息化的缩影，是国家信息化发展的重要内容。智慧城市是开放的，通过促进发展方式转变，推动经济结构调整，深刻影响和变革人们的生产生活方式，让城市发展更科学、管理更高效、社会更和谐、生活更美好。城市是一个有机体，应借助信息技术，实现城市的治理从“他治”向“综治”的转变。

习近平总书记在十九大报告中强调：“中国特色社会主义进入新时代，我国社会主要矛盾已经转化为人民日益增长的美好生活需要和不平衡不充分的发展之间的矛盾。”进入新时代，全面建成小康社会，人民群众对物质文化生活提出了更高要求，对于公共服务、社会民主、法治正义、精神追求、环境和谐等方面的要求日益增长。与此同时，我国社会生产力得到很大提高，改革发展取得了显著成绩，城市发展日新月异，人民生活水平显著提升。但是，社会发展仍然存在不平衡不充分的问题，限制了人民日益增长的美好生活需要。提升人民群众的获得感、幸福感、安全感是时代发展的主题，城市发展是社会发展的重要动力，满足人民日益增长的美好生活需要是城市发展的使命。智慧城市的本质就是服务。智慧城市建设就是围绕着给谁提供服务，提供什么样的服务，如何提供更好的服务，这样一类基本问题来展开的。更具体的说就是围绕居民的生活、居住、娱乐、健康、教育、交通，如何提供更便捷、更高效、更人性化的服务。①

习近平总书记于2016年4月19日在网络安全和信息化工作座谈会上的讲话中强调：“网信事业要发展，必须贯彻以人民为中心的发展思想。”智慧城市发展目标是通过提高城市治

---

①《智慧城市获25部委支持发改委等机构逐一解读》，参见 https://www.cyzone.cn/a/20141110/265540.html.

理效率提升民众幸福感。通过智慧城市建设，可以整合和共享政府信息资源，为民众提供更充分、更便捷、更具个性化的信息服务，提高公共服务能力，实现城市的集约、绿色、和谐、可持续发展，进而为城市中的人创造更美好的生活。习近平还强调“善于运用网络了解民意、开展工作，是新形势下领导干部做好工作的基本功。”习近平还为人民群众在共享互联发展成果上有更多获得感指明了具体的路径，他指出，可以做好信息化和工业化深度融合这篇大文章，发展智能制造，带动更多人创新创业；可以发挥互联网优势，实施“互联网+教育”“互联网+医疗”“互联网+文化”等，促进基本公共服务均等化；可以加快推进电子政务，鼓励各级政府部门打破信息壁垒、提升服务效率，让百姓少跑腿、信息多跑路，解决办事难、办事慢、办事繁的问题；等等。

### （三）智慧城市紧扣国家战略

以互联网为代表的信息技术日新月异，深刻地改变着社会的各个领域。据中国互联网络信息中心发布的《中国互联网络发展状况统计报告》显示，截至 2018 年 6 月，我国网民规模为 8.02 亿，互联网普及率达 57.7%，在线政务服务用户规模达到 4.70 亿，占总体网民的 58.6%。[①] 2016 年 4 月 19 日，习近平总书记在网络安全和信息化工作座谈会上发表讲话，强调“网络安全和信息化工作是‘十三五’时期的重头戏”，号召大家“积极投身网络强国建设”。党的十八届五中全会通过《中共中央关于制定国民经济和社会发展第十三个五年规划的建议》，明确提出实施网络强国战略以及与之密切相关的“互

---

① 中国互联网信息中心：《第 42 次中国互联网络发展状况统计报告》，参见 http：//www.cac.gov.cn/2018-08/20/c_1123296882.htm.

联网+”行动计划。2018年4月，习近平总书记在全国网络安全和信息化工作会议上系统阐述了网络强国战略思想，指出："党的十八大以来，党中央关于加强党对网信工作集中统一领导的决策和对网信工作作出的一系列战略部署是完全正确的。我们不断推进理论创新和实践创新，不仅走出一条中国特色治网之道，而且提出一系列新思想新观点新论断，形成了网络强国战略思想。”

大数据（Big Data）是指大小超出典型数据库软件的采集、储存、管理和分析等能力的数据集。[①] 随着全球信息化的深入发展，世界各国的数据量呈现爆发式增长。据统计，过去3年内产生的数据量比以往4万年产生的数据量还要多。大数据技术建立在互联网技术的基础之上，互联互通为打造智慧城市数据信息统一平台建立了基础。互联网、大数据为建立城市的海量数据库提供技术支撑，通过数据的集成共享、分析筛选、比对择用，对复杂事件作出智慧决策。大数据已经成为促进城市向数字化、智慧化转型的核心支撑技术，催生了智慧城市经济发展新常态、多元发展新业态、科学治理新态势、公共服务新动态，使城市经济结构、产业发展、运行管理、公共服务等方面步入更加协同有效的发展路径。[②] 互联网、大数据正在促进城市治理从“经验治理”走向“科学治理”。

互联网、大数据等新兴技术成果是智慧城市发展的动能。信息通信设施、数据资源是智慧城市建设的基础。智慧城市需要通过技术手段分析、整合城市运行系统的海量数据资源，从

① 麦肯锡环球研究院：《大数据：创新、竞争和生产力的下一个前沿》，参见 https：//wenku. baidu. com/view/6c9b66edb8f67c1cfad6b873. html.

② 陈缘：《大数据环境下智慧城市建设的问题与对策研究》，《经营管理者》2016年第11期。

而对公共服务、环境保护、社会治安、物流交通等作出精准的响应，让城市治理更为高效有序。智慧城市建设需要强化信息网络、数据中心等信息基础设施建设，通过跨部门、跨行业、跨地区的信息共享和业务协同，促进城市治理信息化、智能化、精细化，公共服务的便捷化、高效化、多样化。智慧城市建设推动互联网与其他产业的融合发展，深刻影响社会生产方式的同时，也在深刻改变着人们的生活方式和思维方式。智慧城市是城市发展的新思维，是构建科学、智能、人本、和谐的城市生态系统。把国家战略和智慧城市实践相结合，具有思想性、时代性、创新性与应用性相结合的特点，对于丰富网络强国战略思想的理论研究，加快新型智慧城市的建设具有积极的推进意义。

# 第三部分

## 智慧城市的权变与守常

智慧城市是城市发展的新阶段，其沿革方向、历经途径，取决于社会现实对其的需要。伴随着城市自身发展和新兴技术的快速变革，智慧城市建设正在经历由量到质的蜕变，这是个动态的过程，不断地经历着裂变与融合。与此同时，这个充满变化的过程也有着自己的坚守。“城市即人民”，智慧城市的发展同样是基于人类发展的需要。智慧城市的建设具有很强的时代性，是网络强国战略的重要组成部分，是提升国家治理能力的抓手。城市在多大程度上接受技术和观念创新，是决定智慧城市发展程度的主要因素。政府承担好自己的责任，推动智慧城市建设，必须把握智慧城市的特点，清醒判断智慧城市发展的权变与守常，坚持城市发展的人民立场，通过改善治理方式、提升治理能力，不断满足人民的获得感、安全感和幸福感。

## 一、智慧城市的变与不变

城市是人与环境、人与人关系的聚合，建立在物质生产活动基础之上，包括三个基本过程：生态过程、经济过程和文化过程。社会生产不断发展，城市形态也随之不断变化。信息技术革命引领了创新涌现的发展环境与生态，对整个人类社会的生产方式、生活方式、交换方式、公共服务、政府决策、市政管理、社会民生等方面产生了巨大而深远的影响。城市的内涵与形式正在经历“量子变革”。

### （一）智慧城市的巨大变革

#### 1. 科学技术的突破

在数字革命基础上发展起来的第四次工业革命，让互联网变得无处不在，一体化程度更高，用户终端移动性大大提升，传感设备更加便携，人工智能深度学习愈发精深。各种新兴突破性科学技术成果集中出现，并且呈指数级发展速度。很多成果不仅改变了我们的生产生活方式，更是改变了我们对世界的认知，比如基础科学领域的量子力学、生物基因，应用技术领域的物联网、云计算、3D 打印、人工智能。在数字化信息化技术的推动下，人类生产力得到极大的提高。新兴科技横跨物理、生物、数字、心理学等多个领域，在发展过程中相互促进，并进一步融合，不断孵化催生更为先进、强大的成果。创新成果从实验室到市场的距离越来越短，科学技术越来越普及，科技运用越来越成熟、广泛。这不是技术上简单的添加，世界似乎在一夜之间演变成了一个人类和技术共存的联合体。在智慧社会的图景下，我们看到的不仅仅是“物理交互”画面，而是溶解、催化、裂解的“化学反应”，乃至繁衍与遗传、选择与适应、合作与竞争的生物学、生态学反应。①

2. 生产方式的变革

在以数字技术为代表的工业革命的引发下，各行各业都在发生重大转变，传统的商业模式、行业格局被颠覆，生产、销售、消费与交付体系被重塑，数字化机会创造出新的生产资料、新的商业模式、新的职业。依托互联网技术，互联互通水平的提高，企业充分享受信息集聚的分享、匹配和学习效应。数字化机会从根本上改变了商业模式，企业通过互联网和数字技术能够采用端到端的方法，重新整合旗下的生产、销售和用户体系，既可以降低成本、提高利润，又能够精准化、多样化地服务客户，维护客户群体、增加客户信任，进而能够精准推广更多的产品和服务。数据为王，数字经济已经成为 GDP 主

① ［美］阿莱克斯·彭特兰：《智慧社会：大数据与社会物理学》，汪小帆、汪容译，杭州：浙江人民出版社 2015 年版，序 1。

要引擎。数字技术造就了一大批独角兽公司[①]，比如 Facebook（脸书）、Google（谷歌）、Amazon（亚马逊）、蚂蚁金服、小米、滴滴等，带动了互联网、人工智能等新兴产业的迅速发展。同时，数字技术也深刻影响着传统行业的时代再造，如传统零售行业巨头沃尔玛斥巨资收购移动和社交广告企业 OneRiot 和拥有“社交基因组”（social genome）技术的 Kosmix 公司，打造沃尔玛实验室，分析用户行为，以便将广告发给目标受众。[②] 数字信息不仅是商业机会，更是发展命脉，无论是新兴企业还是传统企业，不创新、不变革，就会被迅速淘汰。

3. 生活方式的更新

“未来已来”，我们已经生活在一个高度互联、包罗万象的世界。“互联网+”改变着我们所做的事情和做事的方式。随着各类基础设施的完善，大数据、云计算、物联网、移动互联网、人工智能等新型技术迅猛发展，各类信息技术与城市管理、民生服务和产业发展等领域已经逐步走向了深度融合。便利的移动终端如手机、平板电脑将应用服务软件推广开来。应用服务软件无所不包，延伸到了办公、传媒、社交、出行、餐饮、医疗、教育等各个领域。人们改变了自我表达的形式、获取信息的途径、实现沟通的方式。网络社会从虚拟走向现实。第四次工业革命的核心——数字媒体突破了社交格局，信息传播得以即时互动，人们以“一对一”及“一对多”的形式实现联系。网络媒体给人们提供资讯，也给人们提供了参与讨论的机会，人们在各种不同背景下交流观点、兴趣和思想。政府也在运用互联网重新塑造着教育、医疗、物流、交通等公共服

① 独角兽公司一般指投资界对于 10 亿美元以上估值，并且创办时间相对较短的公司的称谓。

② 新浪财经：《个人数据：新资产的崛起》，参见 http：//finance. sina. com. cn/roll/20111014/005910618491. shtml.

务。社交软件、可穿戴设备、无人机等新兴科技产品已融入人们的日常生活，人们通过这些终端留下的数据成为经济、社会、心理、生态、决策等领域宝贵的资源。

4. 思维方式的转换

第四次工业革命实现了互联网、大数据运用的集成、优化与深度融合，人们应当对包括人在内的整个社会环境重新作出全息化的审视。智慧城市以互联网、云计算、物联网、3S 等新一代信息技术为支撑，致力于城市发展的智慧化，实现城市的可持续发展。数字化平台是智慧城市建设的基础，但只是智慧城市建设的第一步。智慧城市的“智慧”通过人的智慧得以体现，智慧城市的本质特征是人类智慧驱动城市发展。社会的经济基础已经发生改变，社会处于转型期，治理难度大大增加，变革刻不容缓，只有积极应对才是生存之道。劳动分工、职业与社交形态都是社会生活的显著特征，它们带来了一种新的思维、习惯与态度。面对这次剧烈的技术变革，我们需要反思认识世界的视角和建设社会的方式。智慧城市中，政府的公共职能、社会交流和个人信息都汇集在数字化平台上。政府部门、私营机构要调整运行方式，个人要调节认知和行为方式，各主体在信息流中都要发挥自身的作用。要想更好地利用数字技术，提高治理水平至关重要。政府有责任调动各方面的力量，共同完善智慧城市的治理。

## （二）智慧城市的显著特点

1. 创新发展是动力

世界是物质的，运动是物质的存在形式和固有属性。不断运动、产生变化是社会发展颠扑不破的真理。推动城市进步的因素很多，社会生产力的提高是决定性因素。创新是提高社会生产力的密码，借着创新的东风，社会生产力攀上了一个又一个的高峰。创新既包括硬件创新（实现技术的物理工具或材料），也包括软件创新（提供给工具的信息）。一项科技创新往往同时包括硬件和软件两部分的共同创新，比如 AI 机器人，其组装材料和部件是硬件创新，其算法程序就是软件创新。创新还包括创新的扩散，即把新颖的观点等信息传播开去。扩散是一种社会变革，指的是社会体系的结构和功能发生变化的过程。创新扩散是社会变迁的普遍过程。当新的观念出现后，人们扩散、采用还是拒绝，皆可能带来不同的结果，社会也随之发生变革。[①] 人们对创新的发现、评价和应用，使个人、集体的创新融入了整个社会，实现了创新的社会价值。

2. 权力分配是关键

作为“公意的最高指导”，权力是社会共同体的象征。权力——不仅仅限于政府的权力——是能够产生强制性服从的能力，因此它和强制性的权威以及实行压制的能力相关。[②] 在社会体系和人类行为中，权力影响着个人和集体目标的实现，具有强大的支配功能。社会结构平衡是权力的平衡，而权力的平衡是政府、市场、社会权力分配形态的平衡。政治权力、经济权力、社会权力之间是一种动态的平衡，在社会演化的过程中，他们相互影响、相互制约。权力的分配会发生改变，对各种形式的权力何为有权的界定也可能发生改变。[③] 在科技革命和观念更新的影响下，政府、市场、社会以及他们与个人之间的关系都发生了改变，城市秩序中的权力结构日趋复杂，政

---

① ［美］E. M. 罗杰斯：《创新的扩散（第五版）》，唐兴通、郑常青、张延臣译，北京：中国工信出版集团、电子工业出版社 2016 年版，第 8 页。

② ［美］曼瑟·奥尔森：《权力与繁荣》，苏长和、嵇飞译，上海：上海世纪出版集团 2014 年版，第 2 页。

③ ［英］肯尼迪·E·博尔丁：《权力的三张面孔》，张岩译，北京：经济科学出版社 2012 年版，第 218 页。

治、经济和社会权力正在形成新的平衡。权力是一种社会影响，更是一种人际互动关系。[①] 政府、市场、社会主体共同处于智慧城市的权力系统，需要在相互交往中加强协作，方能取得成功。明确职能和责任，完善治理体系，是政府、市场、社会发挥各自作用的基本着力点。

3. 以人为本是基石

城市不单单是若干个人的汇总和聚集，也不单单是各种社会设施的添加和堆砌，它更是一种文化状态，是各种态度与情感、各种风俗和传统组成的整体。城市作用与反作用于组成它的个体的生命过程之中，它是自然的产物，尤其是人之自然，即人性的产物。推动城市发展的科技创新都是由人类制造并用于服务人类的。我们创造的各种系统都必须与人的本性相容，否则人们要么放弃它，要么错误地使用它。智慧城市建设取得实效的首要保障，必须是其治理体制机制为社会所接受，而强制性的力量只能作为次要的辅助性的保障。这离不开人民的支持。一个合理的和令人满意的城市发展规划，之所以会得到其成员的支持，乃是因为这个规划服务于成员的利益，为他们所尊重，或至少不会引起他们的敌视。我们应当深入了解科学技术与人、与城市之间的关系，将公共政策作为平衡交互关系的杠杆，让科学技术为人民服务，让智慧社会成果有效服务智慧城市建设。

4. 人力资本是优势

决定城市建设取得成功的首要因素是人力资本，而不是城市的物质基础设施。“以人为本”强调的是智慧城市发展要服务于人，“人力资本”突出的是智慧城市发展必须发挥“人力

---

① 苏晓宏：《法理学原理》，北京：法律出版社2013年版，第158页。

资本外部性”，实现城市人口密度大、社会交往多的优势。城市吸引了各行各业的精英，提供了合作的可能，并促使他们合作。生活在城市里，人们能够向周围的高技能劳动力学习，在与别人的交流中提高自己，这叫做“人力资本外部性”。经济学家认为，城市里的人力资本外部性是现代经济发展的重要机制。[①] 与他人交往是人类的社会属性。相互交流是城市生活的基调，它“为人类智力的演化奠定了基础”。通过不断地相互学习和吸取过去的经验教训，我们共同创造了文明和文化。新的技术从来没有改变我们最基本的社会属性。[②] 信息技术的进步让城市信息传播变得更加密集，信息密集会促使人们花更多的时间来传递信息，并且提高了知识的价值，也提高了向城市里的其他人学习的价值。不断地创新激励了更多的人在经济社会领域的创新探索，探索新兴技术的多种可能性，促进更多的创新。如果没有人力资本，城市是无法取得成功的。伴随着城市规模扩张，智慧城市基础设施建设、互联互通水平的提高，生产效率大幅提高，生产要素更加集中于城市，无论是个人还是企业，都会充分享受到生产要素集聚带来的分享、匹配和学习效应。从个人发展看，增加了居民收入，从整个城市发展看，提高了经济效率。

## 二、智慧城市带来的治理挑战

周围的一切正在不断发生变化，每一次变化并不等同于进步。只有在每一次变化中客观解决了发展中遭遇的难题，才是

① 陆铭：《大国大城：当代中国的统一、发展与平衡》，上海：上海人民出版社 2016 年版，第 61 页。

② ［美］爱德华·格莱泽：《城市的胜利》，刘润泉译，上海：上海社会科学院出版社 2012 年版，第 247 页。

真正推动了社会的进步。科技的发展、生产的变革可以在许多方面使人类享受到更好的社会生活，人们能够拥有更好的设施、能源、交通、教育等，但是这些变革也带来了新型的难以回避的社会问题，好与坏相互连接。建设智慧城市，消除人们的困惑，必须提高我们认识世界、改造世界的能力，直面智慧城市带来的挑战。

### （一）“两种文化”的融合

1959 年，英国物理学家 C · P · 斯诺在剑桥大学发表演讲，提出了一个著名的概念——“两种文化”。斯诺指出，由于科学家和人文学者在学术背景、研究对象、研究方法等诸多方面存在迥然的差异，科技和人文知识分子在价值理念、立场判断等方面处于各自独立的状态，科技领域和人文领域形成了两种截然不同的文化。科学技术与经济、政治、文化等社会其他部分的关系日趋紧密，现代社会已经进入一个技术与人共存的“无缝之网”之中，单独的社会问题是不存在的，每一种问题从一开始就同时包含了技术组成部分与社会组成部分。[①]科学观点和方法不再与政治、人文专业应用相割裂，它们与经济学、管理学、政治学、心理学等人文学科相结合，跨领域研究催生了一大批新兴的社会技术，比如博弈论、信息论、规划论，制度设计、操作方法日益科学化。“两种文化”的对立，将会误导社会公众走向对科学技术的不理解，阻碍社会对科学技术的有效运用。

人们已经深深地意识到：科学不仅仅是一种知识，还是一

① 尹文娟：《关于“技术修正”的思考》，《自然辩证法研究》2013 年第 5 期。

种社会系统或社会控制。[①] 自然科学虽然与人文社科存在多个方面的不同，但是作为社会的组成部分，具备了同样的社会价值：属于人类，为人类服务。智慧城市建设过程中必须实现“两种文化”从隔离走向融合，积极倡导融合了科学文化与人文文化的“第三种文化”，让“第三种文化”得到公众的欣赏与接受。智慧城市因科技革命而起，也需要借助于科技革命而走向繁荣。智慧城市的规划要超越技术理性的局限性，给予科技应用以更多的人文反思，站在人性之自然的高度关注科技对城市发展的推动，加强伦理建设，确保科技创新稳定在为城市本质属性、为人类服务的轨道上健康发展。

### （二）大数据的运用

在智慧城市建设中，人类日常活动留下的数字“面包屑”（通话记录，信用卡交易记录，GPS 定位等），感应器捕捉到的人类动作、语调、表情等，都可以成为有价值的数据，用以分析人类的行为和社会群体互动，这个分析数据间内在规律的过程被称为“现实挖掘”（reality mining）。[②] 比如我们日常生活中熟悉的交通监测系统，在捕捉到影像后，已经具备了人脸识别功能，能够迅速地实现信息比对。用户的日常生活比如跑步、点餐、阅读等行为都已经社交化，这些具有明确身份信息的海量数据留在了各种应用平台。网络结合数据分析，能够提高社会工作的效率，也极易侵犯公民的权利。例如，Facebook 将网络技术与选举投票活动相结合，有效地通过网络传播，使 2016 美国大选期间参与总统选举投票的人数增加了 34 万。之

① 刘永谋：《科学、技术与公共政策研究述评》，《中国人民大学学报》2013 年第 3 期。

② ［美］阿莱克斯·彭特兰：《智慧社会：大数据与社会物理学》，汪小帆、汪容译，杭州：浙江人民出版社 2015 年版，第 11 页。

后却被曝出了将用户信息泄密给政治咨询公司“剑桥分析”，利用5000万用户资料分析的结果向各用户精准投送政治广告，左右选民投票的丑闻。①

智慧城市需要数据资源作支撑，人们对于数据的认识与使用是存在巨大差异的。掌握了数据的获取、使用、分析能力就拥有了支配力。数字技术存在专业壁垒，软件工程师、数据分析师成为稀缺人才，大型技术公司不仅拥有商业的先机，还拥有公共事务的话语权。获取信息、使用信息通信技术（ICT）能力的反差，形成了智慧城市治理体系中的“数据强势”与“数据弱势”。个人相对于企业、组织和政府，非专业人员相对于专业人员，老年、贫困、残疾、受教育程度低的群体相对于生活基础好的群体，他们之间存在着深深的“数字鸿沟”。技术是中立的，可以被善意使用，也可能被恶意滥用。技术能力的差异形成了新的信息不对称，信息不对称又将导致权力（利）的不对称。权力（利）不对称极易引发数字社会的“数字霸权”“数字独裁”。“数字鸿沟”建立在经济与社会不平等之上，能够扭曲决策，暗藏巨大风险，很有可能将城市文明进程带入歧途。

### （三）统筹治理

数字技术引发的变革之广是前所未有的，但是这些变革发生在不同的领域，是分散、自发而无系统规划的。每个领域应对变革的方案往往建立在不同的假设基础之上。城市建设是综合性的，强调系统性。科学的城市规划不可以脱离其他领域而单独讨论一个领域的变革与治理，否则，很可能会导致这些领

① E安全：《Facebook 史上最大规模数据泄露牵出惊天丑闻》，参见 https：//www.easyaq.com/news/240411735.shtml.

域的规划无法一起发挥作用，甚至作用相互抵消而带来负面影响。建设智慧城市应当坚持平衡、效率和公平的原则，把公共设施建设、公共服务供给、市政交通秩序、产业政策规划等看作是城市规划的子领域，将科学技术看成是与政治、经济、文化等所有其他社会子系统紧密相关的公共产品，统筹社会资源，协调治理方案，服务社会公众，实现共建共享。政府的任务就是平衡社会力量和决策需要，将城市体系统建起来，制定出相关意见标准。同时，要在各领域规则通用性不高的情况下，确保各个领域治理规则的公平性和一致性，让规则从直接作用于人和事，发展到作用于价值和使命。

统筹、变革意味着解构以及下一步的建构，有助于进行更加高效的调整，这是社会发展的惯例，也是人们需要适应的常态。解构与建构交互发生，它们在社会的动态秩序中互相勾连，通往下一个进步性的目标。改革能解决某一段时期内的问题，但在改革的过程中又会出现一些新的问题，进而又引发后续的改革。① 政治、经济、文化多方面的变革给智慧城市治理带来了巨大压力，网络线上和线下的结合增加了治理的复杂性，智慧城市治理变革必须符合城市发展的需求，否则难以实现发展目标。治理模式的变革必须与城市结构变革相互配合，警惕轻率的改革，也要允许出现失败和失误。智慧城市的治理需要吸引更多的社会力量参与进来。将不同的行业观点加以协调一致，实现统筹治理，这将是治理者在可预见的将来不断面临着的挑战，也有可能是一种永远的挑战。

---

① ［美］B·盖伊·彼得斯：《政府未来的治理模式》，吴爱明、夏宏图译，北京：中国人民大学出版社2014年版，第4页。

## 三、智慧城市坚守的中心与重点

### （一）人民：智慧城市发展的中心

民生乃善治之本。习近平总书记强调“以人民为中心的发展思想”，并且强调“这是马克思主义政治经济学的根本立场”。“人民立场”为我国智慧城市的建设和发展标注了历史方向，只有牢牢把握住人民立场这个根本政治立场，把人民的方向作为未来建设发展的方向，才能使智慧城市建设更好地受益于民、服务于民。“得众则得国，失众则失国”。习近平指出：“为人民服务是我们党的根本宗旨，也是各级政府的根本宗旨。”习近平强调：“全党同志要把人民放在心中最高位置，坚持全心全意为人民服务的根本宗旨，实现好、维护好、发展好最广大人民根本利益，把人民拥护不拥护、赞成不赞成、高兴不高兴、答应不答应作为衡量一切工作得失的根本标准，是我们党始终拥有不竭的力量源泉。”党的十九大报告指出：“党的一切工作必须以最广大人民根本利益为最高标准。我们要坚持把人民群众的小事当作自己的大事，从人民群众关心的事情做起，从让人民群众满意的事情做起，带领人民不断创造美好生活！”人民立场是中国共产党的根本政治立场，是马克思主义政党区别于其他政党的显著标志。

习近平网络强国战略思想坚持“以人民为中心”。“城市即人民”，发展智慧城市，其根本出发点在于“为人民服务”，为城市中的居民提供智慧医疗、智慧食品、智慧家居、智慧社区、智慧交通、智慧旅游等在内的与人民生活息息相关的各项服务，最终使城市居民都享受到安全、健康、高效、便捷、绿色的城市生活。智慧城市是一个持续的过程，让更多群众真正分享到城镇化建设和科技发展所带来的红利，是这一过程想要实现的目标。城市的管理者只有在这一“过程”和“结果”当中不断地去寻找新的平衡点，才有可能真正有效地推动社会的进步和经济的繁荣。[①] 李克强总理在2016年政府工作报告中指出，要“打造智慧城市，改善人居环境，使人民群众生活得更安心、更省心、更舒心”。在2016中国“新型智慧城市”峰会上，国家发改委高技术产业司副司长伍浩指出，新型智慧城市正由以前的便于管理思维，变得更加注重以人为本，以便民利民为目标，提升城市的承载能力和服务效率。[②] 在国家发改委、中央网信办、国家标准委联合发布的《新型智慧城市评价指标（2016年）》中，市民体验的权重达到20%，体现了新型智慧城市强调“以人为本”的政策导向。

城市因人而生，也因人而兴。城市的智慧是“人”的智慧，人的素质、能力直接关系到城市建设的水平。解决城市发展问题的根本是要提升城市承载能力和服务效率，要把百姓的满意度作为新型智慧城市建设的出发点和落脚点。另一方面，要善于运用互联网思维推进智慧城市建设。互联网思维的精髓就是注重用户的服务体验，千方百计满足用户的差异化、个性化需求。促进社会共建、共治、共享，这正是开展智慧城市建设最需要的理念。智慧城市建设要践行共享发展理念，运用互联网、大数据手段让更多民众共享发展成果，让智慧城市建设更好地满足公众需求，提高公众生活品质，提升公众满意度和获得感。智慧城市的“智慧”体现在城市交通、供电、物流、医疗、食物、环保、供水、气象、市政等各个方面，但归根结

---

① 吴红辉：《智慧城市实践总论》，北京：人民邮电出版社2017年版，第184页。

② 国家发改委：《新型智慧城市核心是“以人为本”需引导社会力量参与》，参见 http://www.xinhuanet.com/info/2016-12/27/c_135935699.htm.

底其核心是“以人为本”。解决城市发展问题，根本上是要解决民生问题。智慧城市建设的出发点和立足点就是为了让人民生活得更美好。

城市发展类似于生物体新陈代谢中的合成、分解与再合成的过程。解体与组织化过程是交互发生的，它们在社会秩序的动态均衡中互相勾连，解体意味着下一步的重组，有助于进行更加高效的调整。解体是人们在思想和行为上进行重组的前提，经历过心理冲突与磨合，人们会从心理得到解放，城市会释放新的动能，奔向新的目标。[①] 解决好人的问题，是城市工作的价值指向；让人民群众在城市生活得更方便、更舒心、更美好，是检验城市建设成果的重要标尺。坚持“以人为核心”的城镇化，着眼于人民日益增长的美好生活需要，不断提升城市环境质量、人民生活质量，才能让城中的人真正找到归属感、获得感、幸福感。[②]

智慧城市建设是推进国家治理体系和治理能力现代化的抓手。城市治理现代化是国家治理现代化的应有内容。治理能力现代化的内容非常丰富，包括了治理制度化、科学化、民主化、规范化、法治化和协调有机的高效运行体系。提升治理能力就是要把运用制度管理社会各方面事务的能力提高到适应当前以及未来社会发展的现代化水平上来。这是一种文明的理想，一种把人类力量扩展到尽可能最高程度的目标，代表的是人民共同的利益。中国共产党成立伊始就一直以人民的美好生活和社会的共同发展为奋斗目标，没有自己的特殊利益，代表

---

① ［美］罗伯特·E. 帕克等：《城市：有关城市环境中人类行为研究的建议》，渠敬东主编，杭苏红译，北京：商务印书馆2016年版，第66页。

② 盛玉雷：《激发“城市成功学”中的改革伟力》，《人民日报》2018-07-04。

着人民的根本利益。人民的利益、社会的利益就是党的利益。智慧城市的建设和发展归根结底是为了服务民生，为了给人民提供更好的居住环境，让人民的生活更美好。新型智慧城市建设核心是采用信息化手段更好地满足人的物质和文化需求，使市民有更高的生活品质和幸福感。立足“人民立场”研究新型智慧城市建设，既是贯彻网络强国战略思想的切实行动，也是服务智慧城市高质量发展的现实需要。

## （二）治理：智慧城市建设的重点

信息化建设、新兴技术投入、市政工程的更新都只是智慧城市的外衣，让智慧城市得以有效运转的是这个城市的机制和实现这个机制的方式。这才是智慧城市之“智慧”的本质体现，才是智慧城市建设的重中之重。过去，我们更熟知的不是城市治理，而是城市管理，相对于“管理”一词的单向性、高权性和强制性意味，“治理”一词则具有更强的现代性、民主性、开放性、包容性、互动性和有效性。城市治理是对城市管理的一次超越。虽然仅仅一字之差，但反映了政府在立法理念、执法观念、执法方式上的巨大变化。[①] 在智慧城市建设的背景下，城市治理理念深入人心，开始从行政主导型向社会服务型转变，智慧治理将更注重以人为本，从人的需求出发，运用物联网、大数据等信息技术，加大数据开放和信息共享力度，以实现组织目标和促进人的全面发展为目的，围绕调动人的主动性，积极性，创造性，突出服务的意识与理念，这同智慧城市建设的目标——让人民过上更美好的生活是一致的。

我国城市在快速发展的同时也产生了一系列新的城市问题，新型智慧城市的建设进一步凸显出政府在互联网时代的不

① 《公众可多渠道参与城市治理》，《南京日报》2013-03-01。

足，诸如体制机制落后、服务意识弱、信息化水平低、信息壁垒多等。处于转型期的中国社会，呈现出复杂多元的社会问题，需要调动社会整体资源，综合利用政府、企业、社会组织、个人等多元主体的合力，推动社会治理创新。转变城市发展方式、完善城市治理体系、提高城市治理能力成为治理主体的基本功课，着力解决城市发展突出问题的要求深入人心。智慧城市的建设将使得城市各种资源调配更加协调高效，使得城市功能和布局不断完善，提升城市精细化治理水平，破解城市发展中的难题。智慧城市的建设有利于实现公共服务便捷化、城市管理精细化、生活环境宜居化、基础设施智能化、网络安全长效化，有利于建立一种互动、高效、人性化的城市治理机制。智慧城市建设的根本目标就是要提高城市治理的科学性和智慧性，促使城市治理从粗放型、经验型、公众参与少的城市管理机制向信息化、智能化、多元共治的城市治理机制转型。

党的十八届三中全会提出："全面深化改革的总目标是完善和发展中国特色社会主义制度，推进国家治理体系和治理能力现代化。"习近平总书记在网络安全和信息化工作座谈会上指出："要以信息化推进国家治理体系和治理能力现代化，统筹发展电子政务，构建一体化在线服务平台，分级分类推进新型智慧城市建设，打通信息壁垒，构建全国信息资源共享体系，更好用信息化手段感知社会态势、畅通沟通渠道、辅助科学决策。"推进国家治理体系和治理能力现代化是全面深化改革的总目标，而智慧城市的建设是以信息化引领城市创新发展、提高国家治理能力和现代化水平的全新模式。① 城市智慧的本质是人对人类行为的有效组织模式，组织化形成的效率优势，只有通

① 吴超、吴毅、罗昊宇：《智慧城市推进城市治理能力现代化路径研究》，《中国管理信息化》2018 年第 1 期。

过组织的优化及合作新秩序的构建，才能实现智慧化发展。[①]

信息技术在电子政务中的广泛应用和融合，不仅提高了政务办公效率，也使得政府的组织体系发生了变化，它需要政府管理从过去的科层化体系转变为网络化的和以技术为依托的新组织框架；大数据技术的应用使得数据资源更加公开透明，打破了“信息孤岛”的阻碍，促进部门之间的部际协同，提升政府效能。在智慧治理的框架下，政府不但可以借助信息技术平台整合政府职能，促进政府与社会的良性互动，而且可以通过信息技术平台的运用，更好地搜集各种相关公共服务信息，并通过对海量的城市服务信息数据的分析挖掘，实现科学决策，降低政府治理成本，提高政府治理水平，精确、及时、高效地满足社会公众的公共服务需求。智慧城市建设将通过优化政府流程再造，提高政府运行效率，促使政府转型升级。

智慧城市是城市发展的新阶段，是以物联网、云计算和大数据为代表的信息技术革命与社会发展需求相结合的必然产物。通过智慧城市建设，能够统筹物质、信息和文化资源，推动新一代科技革命成果在教育、医疗、劳动就业、社会保障、环境保护等社会领域的创新应用，提高人民群众对发展成果的共享水平。建设智慧城市需要基础研究支持、应用技术支持、资金设备支持，更需要制度支持、体制机制支持和公共政策的支持。治理模式决定了权力在社会中的行使，涉及资源分配、决策方式和公共价值的选择，是一个上下互动的过程，是一整套制度体系的设计。与智慧城市发展相适应的治理模式能够推动智慧城市的发展，反之，将形成阻碍。探索与智慧城市相适应的社会治理模式，是对建设智慧城市最有力的支持。

① 刁生富、姜德峰：《论新型智慧城市的核心价值导向》，《中国管理信息化》2018 年第 1 期。

## （三）立足中心把握重点

### 1. 加强顶层设计研究

顶层设计对智慧城市建设的成效至关重要。建设智慧城市，必须立足战略方向和城市发展现状，打造一套体现城市特点的顶层规划方案，并能够根据未来外部环境的发展与变化作出相应的更新和必要的调整，让城市发展具备自我调节的能力。党的十八大以来，党中央重视互联网、发展互联网、治理互联网，对网信工作作出了一系列战略部署。习近平总书记就网络强国战略发表了一系列重要讲话，提出一系列新思想新观点新论断，形成了网络强国战略思想。2018 年 4 月 20 日至 21 日在北京召开的全国网络安全和信息化工作会议上，习近平总书记发表重要讲话，系统阐述了网络强国战略思想，深刻回答了事关网信事业发展的一系列重大理论和实践问题，是指导新时代网络安全和信息化发展的纲领性文献。

实践不断发展，理念不断更新，治理模式必须与特定的问题及其环境密切联系起来。智慧城市的治理变革是深层次、系统化的，很难靠单个部门或者局部地方推动，政府的统筹协调对于实现治理目标至关重要。就目前而言，顶层设计对智慧城市建设的引领作用与统筹协调机制还是不足。城市规划偏重经济，缺少智慧建设专项规划和实施方案，统筹推进力度不大。同时，缺乏推进智慧城市建设所需要的部门协调机制，存在跨部门沟通协调、衔接和协作较为困难的问题。智慧城市治理需要“顶层设计”，其有效性必须遵循三个原则：方向的正确性、方式的适应性和责任的明确性。在落实过程中必须要注意：一是在习近平网络强国战略思想的统领下制定智慧城市建设规划指导意见、总体规划、专项规划，以及实施方案。二是加快试点建设，加大对成功经验的宣传，将优秀试点经验、成功模式在全国范围推广。三是注重归纳、总结经验，将经验上升为标准、理论，加强理论建设与制度建设之间的互动，让实践在理论中得到升华，让理论在实践中实现自信。

2. 实现多元主体合作

第四次工业革命的独特之处在于，它是由科技、经济、文化各个领域的力量共同推动形成的。推动第四次工业革命的发展，赋权于民并以人为本，而不是去人性化并造成社会分裂，这绝非是某一个机构、群体或行业靠一己之力就能完成的工作。非政府组织、个人在许多行业都发挥着重大的作用，包括数据与语音的交流技术、终端操作系统、通信行业标准等，影响着我们的工作与生活。智慧城市是一个分散与集合相伴的系统，各个系统需要在互动中实现相互支持，才能释放出更大的能量。政府的公共职能、公众的个人信息、经济的流通渠道都汇集在数字化平台上，政府需要与商界、公众和社会力量开展合作，以保证规则的公平正义、安全和可靠性。伴随着互联互通程度的提高，政府、企业、社会组织以及个人有能力实现合作，也必须实现合作。不同主体之间协同能力越强，就越能发挥科技创新的潜力，推动智慧社会的进步。

智慧城市多元治理主体之间的合作以平等关系为基础，通过法律制度实现约束，同时必须遵循一定的准则。一是以问题为导向，深入了解治理对象，快速适应变化的社会环境，共享信息，鼓励创造性的解决方案。二是将合作分布在整个阶段，不能大而化之，既要有效解决问题，又能体现民主价值，通过民主交流，构建信任，促进思想创新，提高工作效率。三是多元主体共同影响决策，相互尊重，彼此负责，既要控制新兴技术的风险，又不阻碍创新经济的增长，平衡各方利益。四是决策具有一定的前瞻性，对创新环境有一个基本的判断，拓展社会的包容性，提高社会的自我调节能力。五是建立持续性的评估和监督机制，利用网络、新媒体、大数据技术等带来的创新补充传统的评估和监督机制，内容包括多元主体对治理对象的评估和监督，多元主体自我评估、披露和监督，以及社会公众、媒体与第三方机构对于治理主体的评估和监督。

3. 完善整体监管制度

社交软件、智能 App 保存了我们的地址、喜好、社会关系，智能手机、平板电脑等移动终端捕捉了我们的通讯、社交等生活习惯，GPS 等定位系统收集了我们的地理定位、移动路线，随处可见的摄像头能够通过轮廓特征分析实现精准锁定，智慧政务、金融、医疗等数据平台留存了海量的影响我们生活安全的数据。信息化数字化技术的发展、运用尚存在巨大的不确定性，精通数字技术的人与普通人之间的距离正在拉大，利益相关者有责任通过技术和制度的力量做好有效监管，防范技术滥用。习近平总书记强调，没有网络安全就没有国家安全，就没有经济社会稳定运行，广大人民群众利益也难以得到保障。智慧城市所依赖的数据资源能否安全运行是智慧城市健康发展的关键。智慧城市必须拥有安全技术和产业生态链，实现全天候的网络信息收集和全方位的网络健康状况监管。打造自主可控、主动感知、及时响应和高效处置的安全保障体系是智慧城市网络安全的重要方向。树立全面的网络安全观，从解决问题的时间维度上看是一条长链，事前的“发现”和“预警”胜于事后的“灭火”和“疏堵”。完善的网络安全服务保障体系包括积极主动的网络安全技术监测和防御体系，以及基于此体系的实时网络安全应急管理、处理、服务体系。

智慧城市是创新涌动的城市，监管者必须寻找平衡点，既要鼓励技术创新及其创新运用，又要保护社会公众的利益，作出符合原则、妥善精准的判断。一是加强标准建设，对于网络隐患、数字危机、技术滥用等问题有一个判断标准，围绕判断依据建立合适的监管框架。二是创新监管程序，积极应对飞速发展的数字变革，克服传统线性、自上而下、机械化的监管，运用数字技术动员多元治理主体的力量，实现网络化、立体、动态的监管。三是督促行业自我监督，在与政府、第三方监管并行不悖的情况下，督促行业建立行业标准、自我评估和自我审计，确立行业发展目标，培育职业价值观。四是实现多元主体之间的互相监管，推行“自治”与“他治”的结合，依托正式的法律程序，发挥政府的统筹机制，让各主体的自我监督成为“受监督的自我监督”。五是重视信息监管，信息是智慧城市发展的信息基础，也是责任机制发挥作用的基础，相关主体应向公众、其他机构充分披露信息，对于信息披露不充分的，政府可以采取强制措施。

4. 促进公众有效参与

智慧城市建设注重以人为本、社会协同，注重公共价值的创造。强调以人为本，以提升公众满意度和获得感作为新型城市建设的出发点和落脚点，着重提高与民众切身利益密切相关的便民惠民项目建设水平，让广大市民参与到成果检验中来，真正感受到智慧建设。这不仅是我们贯彻网络强国战略的根本要求，也是破解城市发展难题，提高市民便捷感、安全感、获得感、公正感、幸福感的关键。人们通过数字技术能够接触到大量的资讯，很多维护公共权力的壁垒被打破，个人拥有了更便捷、更直接地参与讨论和决策的渠道。伴随着法律对个人权利承认与保护的逐步完善，公民的权利意识迅速觉醒。公民个人正在逐步深入到监管、服务、实施等治理过程之中，私人的贡献从“纯粹”咨询性的作用直至全面承担决策权力。[1] 个人

① ［美］朱迪·弗里曼：《合作治理与新行政法》，毕洪海、陈标冲译，北京：商务印书馆2010年版，第323页。

参与不再只是一个讨论过程，他们在标准设定、第三方评估等方面发挥着重要作用，同时，作为公民力量的代表——大量的非政府主体，包括公司、公益组织、行业协会与非营利组织都会以各种方式参与“公共”决策。公共权力不可避免地受到公民或公民组织的影响。可以说，智慧城市的核心问题，即政府对权力的运用以及在这一运用过程中人的作用。

进入数字时代，公民个人权利的实现被赋予了更多的可能性，但是，公民个人相对于政府、企业以及其他社会组织而言，在信息的获取和分析方面始终是处于弱势的。个人在公共事务方面的意见很容易被其他强势主体的意见所淹没，导致公共决策过程中形成“沉默的螺旋”。[①] 政府应当努力消除“数字鸿沟”对个人能力的限制，增强公民对于社会决策的影响。智慧城市治理必须重视协同创新，强调新型智慧城市建设的多主体参与，实现多部门信息共享，以提升城市治理能力，打造创新发展的综合实力。一是要加快开放源代码技术，打造信息共享平台，改善民主进程，在政府和公民之间创造一个全方位、多层次的对话机制，通过个人思维视角加强制度、观念的创新；二是将参与演变为重复合作性的互动，通过交流合作构建信任，增进了解，促进新思想，带来高效率；三是利用数字媒体丰富个人与政府、社会组织的对话形式，多渠道表达公民的意愿或诉求，在实践讨论中检测权力运行是否符合“民意”。

5. 加强政府主体责任

由于存在扩张性，行政权力逐渐成为最有影响力的一种权力。实际上，大部分行政过程的观念，无论是以公共利益理

① 沉默的螺旋（The Spiral Of Silence）指的是意见多数者的声音会越来越强大，少数者越来越沉默下去的螺旋发展趋势。

论、公民共和主义还是多元主义为基础，在实证与规范方面关注的主要都是作为决策者的行政机关。① 随着各类基础设施的完善，大数据、云计算、物联网、移动互联网、人工智能等新型的ICT技术迅猛发展，各类信息技术与城市管理、民生服务和产业发展等领域已经逐步走向了深度融合。智慧城市建设应当突出智慧城市建设的应用效果和民众感受，提高政府公共政策的制定能力、城市社会的治理能力、公共服务的能力、危险应对的能力、城市经济转型能力。政府是否能够及时转变思维、加快体制改革以提高智慧城市的创新动能、减少应用风险，关乎智慧城市建设的成败。面临新的环境和要求，智慧城市的政务服务必须敢于突破，加快转型，适应新时代治理体系和治理能力现代化的需要。不断完善对权力的运用与分配，政府是第一责任人。政府有责任引导政策选择并实施改革，带领其他城市治理主体共建智慧城市发展价值观，让智慧城市建设造福所有人。为此，政府必须时时注意对自身职能作出合理的调整，以适应飞速变革的智慧城市经济生活发展的需要。

“互联网+政务服务”是智慧城市建设中的重点任务。智慧城市的基础是信息化建设，建设好基础设施，要注重各类信息的共享，城市大数据的挖掘。智慧城市建设应当加快打破各类信息和数据资源孤岛，实现城市各类数据的共享与利用，建立统一大数据运营平台，有效发挥大数据在“善政、惠民、兴业”等方面的作用。打造适应智慧城市发展的环境，不仅是要加快信息通信基础设施的建设，还要从观念、制度和行政管理能力建设入手，更深入、更创新地改善整体的城市治理结构，提高整体治理实效。一是要加快电子政务的推广应用，利

① ［美］朱迪·弗里曼：《合作治理与新行政法》，毕洪海、陈标冲译，北京：商务印书馆2010年版，第323页。

用数字技术辅助决策与执行，优先在民生领域加大试点示范和推广力度，深入推进横向和纵向之间电子政务的应用协同发展，增强对数据资源的运用和管理，为社会公众提供更加便捷、高效、优质的服务。二是提高公共行政过程的透明度，以政府在线服务为抓手，切实实现资源共享、协同、互联互通，构建统一、安全可控的平台，不断缩小不同群体之间的“数字鸿沟”，建立新型合作模式，提升治理效率。三是当好多方治理主体的召集者与助成者，牵头制定出台各项标准，推动各主体的自身能力建设，以公共服务为中心，激励各方力量投入到以人为本的公共服务建设中去。四是吸引和鼓励企业、社会组织、个人进行合作，打造动力中心，必要时为其他治理主体提供训练与帮助，比如整合技术资源、资金资助与组织支持，通过自我治理方式的革新带动整体社会力量的创新。

# 第四部分

## 智慧城市建设中的政府责任体系

“责任”是制度体系里的一个基本概念，旨在对人的行为产生驱动力。这种驱动力来源于外部强制力，也来源于内在推动力。法律是社会的基本调控形式，但是法律调控无法涵盖社会活动的所有方面，政治、道德等其他社会调控方式也在通过自己的力量，或者通过与法律的力量相融合实现社会控制。智慧城市建设是一项系统工程，政府在与市场、社会、公众乃至个人的同步交互关系中发挥职能、履行职责。影响政府职责履行、责任承担的因素很多，不可居于一隅审视政府责任。政府责任不限于单一领域，而是一个多维度的综合性概念。从影响制度运行的多个视角综合来看，政府责任是政府对行为后果的承担，也是政府对日常工作应尽的职责，既包括法律责任、行政责任，也包括政治责任、社会责任。政府责任体系的有效运行需要强制力的威慑，也离不开对争议的预防，以及对责任主体实施合作与建设性行为的激励。

## 一、责任和政府责任

### （一）责任的概念

“概念引导我们进行探索。”[①] 概念是问题研究的逻辑起点。西方思想史中，“责任”一词最先出现在 1787 年的英语和法语中，被用来指称美国和法国革命中出现的政治体制。责任概念为不同文化和不同传统的人们界定了一套共同的价值标准。[②] 哲学领域中对责任的阐释常常结合对人的意志的理解，较为普遍的观点为：责任的本质在于它意味着行为人具有自由

① ［英］维根特斯坦：《哲学研究》，陈嘉映译，上海：上海人民出版社 2001 年版，第 540 页。

② ［美］特里·L·库珀：《行政伦理学：实现行政责任的途径（第五版）》，张秀琴译，音正权校对，北京：中国人民大学出版社 2017 年版，第 5 页。

意志，责任是行为人和自由意志的一个功能或者一个方面。培根将“责任”理解为维护整体利益的善，提出“力守对公家的责任，比维持生存和存在，更要珍贵得多”的思想。马克思则把“责任”看作是一种使命和任务。在伦理学术语中，“责任”是对行为进行的评价，并认为行为的动因在于行为实施者，而不在于义务本身的宇宙或自然结构。美国行政伦理学教授库珀认为：“责任是建构行政伦理学的关键概念。”“责任”是社会生活中的重要范畴。尤其在法律、政治与公共行政的领域，责任具有特别重要的意义。①

在古汉语里，“责任”有担当之义，如《新唐书·王珪薛收等传赞》中：“观太宗之责任也，谋斯从，言斯听，才斯奋，洞然不疑”，意指观察太宗担当的位置，是听从大臣谋略，采纳谏臣的进言，激励人才，井井有条，清楚无疑。在现代日常语义中，责任一词有三种基本含义：1. 分内应做的事；2. 特定人对特定事项的发生、发展、变化及其成果负有的积极的助长义务；3. 因没有做好分内的事情或没有履行助长义务而应承担的不利后果或强制性义务。②《大辞海》（语词卷）中将“责任”定义为：（1）分内应做的事。如：尽责任；责任制。（2）没有做好分内应做的事，因而应当承担的过失。如：追究责任。《大辞海》（管理学卷）中对“责任”的定义更为具体、专业化，即能够鉴别和描述某一工作存在的理由和主要目标的一个或几个职责。可以看出，责任的不同定义之间是存在紧密联系的，如果从时间轴上来看，呈现出由前至后的

① 盛邦跃、刘祖云：《责任、责任政府与责任政治》，《南京农业大学学报（社会科学版）》2004 年第 1 期。

② 张文显主编：《法理学》，北京：高等教育出版社、北京大学出版社 1999 年版，第 120 页。

递进性："在其位，谋其政"，担当起某种职务就应尽该职务的职责，如果没有尽职尽责，出现过错或者过失，将要承担外部的否定评价。

与"责任"一词经常混淆或混同的概念是"义务"。《现代汉语词典》（修订本）将"义务"界定为三种含义：一是公民和法人按法律规定应尽的责任，是与权利相对应的一种界定；二是道德上应尽的责任；三是不要报酬。① 尽管"责任"与"义务"的含义存在交叉内容，但两者不可等同。首先，"责任"兼具"内生"与"外生"属性，强调分内职责，与自我意识相关，同时也包括一定情形下承担的外部否定评价，由外部强制力做保障；而"义务"侧重"外部"属性，与"权利"对应，依靠外在强制力。其次，"责任"并不一定对应利益；而完成"义务"意味着能够获取与义务相对应之"权利"。再次，"责任"的内涵大于义务，承担责任的同时意味着履行了义务，但履行义务并不能说明同时承担了责任。

美国学者哈特认为，（责任）按其在法律范围内、外之标准用法，"责任""应付责任"与"应对……负责"，这三个术语包含了大量虽彼此相关但又互不相同的观念。为了将"责任"一词与其语法上的同源词相区分开来，哈特将"责任"划分出四种类别：（1）地位责任；（2）原因责任；（3）义务责任；（4）能力责任。地位责任是指"某人在某一社会组织中具有一种特殊的地位或职位，而为了给他人谋福利或为以某种特殊的方式促成该组织的目标或目的，该地位或职位被赋予某些特殊的职责"，即"（他）有责任履行这些职责，或有责任作为履行这些职责所必需的事情。"要解释"负责任的

---

① 中国社会科学院语言研究所词典编辑室：《现代汉语词典（修订本）》，北京：商务印书馆2001年版，第1490页。

人”，“举止负责”，必须参考地位责任。原因责任是指“人的某种行为在单纯的原因意义上应对某种结果负责”，但这不是指“某人（有别于他的行为）应对结果负责”，除非“感到他值得褒贬”。义务责任是指“法律义务责任和道德义务责任”，是“当法律规范要求人们作为或不作为时，违背法律的人，按照其他规范，通常因其错误行为而应承担受惩罚或赔偿受其损害的人的义务。”能力责任是指“负道德或法律责任所必须具有的最低的精神或身体能力。”“他应对其行为负责”一语被用以主张某人有某些正常能力。这些能力构成道德义务责任之最重要的标准。① 可以看出，这几项责任的内容能够以时间轴为背景依次体现：能力责任和地位责任是引发责任否定性评价的“预设”，而原因责任是一个责任约束由“内生”向“外生”演变的切入点，义务责任是“应责性”的体现，在责任主体“没有足够的免责事由”而需负责任时成立。

从责任的概念能够清晰地观察到责任状态演变的衍生链。“责任”这个概念横跨了诸多学科，虽然现有文献多集中于法学领域，然而实际上，责任概念遍布在社会科学的诸多领域。对于责任的研究应形成一个整体系统，穿越不同学科之间的缝隙。责任的形式多种多样，它们发挥着重大作用，并且彼此之间相互影响制约，如果将研究仅局限于一个方面——比如只停留在法律责任或行政责任——那么在理解系统的整体样态时，许多东西就会被忽略。所以，关于智慧城市建设中政府责任的研究也不能仅仅局限于一个领域的研究，应当着眼不同学科，构建综合体系，从多个领域共同保障政府责任的实现。

① ［美］H. L. Hart：《惩罚与责任》，王勇等译，北京：华夏出版社 1989 年版，第 201—203 页。

### （二）政府责任及对智慧城市建设的保障

传统社会正在从公民“义务本位”向“权利本位”转变，与此相对应，政府职能也在从“权力本位”向“责任本位”转变。政府与社会，政府与老百姓，政府与市场的关系，已从单向控制的行政体制向协商合作的管理机制转变。明确政府责任，是城市治理主体发挥各自作用的基本着力点，也是协调治理主体关系的基本依据。政府可利用机制的多样性，能够提供更多的选择，兼顾多方面的利益，促进社会公平正义。政府作为公共服务的最终供应者，发挥着不可替代的作用。能够实施有效权利保障的唯有政府，因为只有政府才拥有垄断性的强制权力；鉴于政府既由人组成又不可避免地受到某些个人或集团的影响，故它同时又是个人权利受到侵犯的最大威胁；凡是协调好政府强权和个人权利之间关系的国家，便会走向繁荣。[①]

研究政府行动，加深对权力概念的认识十分重要。马克斯·韦伯认为，权力乃是“这样一种可能性，即处于某种社会关系内的一个行动者能够不顾抵制而实现其个人意志的可能性，而不论这一可能性所依赖的基础是什么。”[②]《大辞海》（语词卷）中对“权力”的定义为：（1）政治上的强制力量；（2）职责范围内的支配力量。《大辞海》（管理学卷）中指出“权力”是：一个人按照自己希望的方式，即使是在遇到抵制的情况下，影响另一个人行为的能力。《大辞海》（政治学与社会学卷）中将“权力”分为“硬权力”和“软权力”，“硬权力”指“一个国家或政治实体所拥有的政治、军事等各种

① ［美］曼瑟·奥尔森：《权力与繁荣》，苏长和、嵇飞译，上海：上海世纪出版集团2014年版，前言。

② The Theory of Social and Economic Organization，transl. A M. Henderson and T. Parsons（New York，1947），p. 152.

实力的总和。”软权力指“一个国家或地区的文化在向外传播中所产生的影响力。”可见，权力是一种具有强制性的外在力量，是对于人之行为的影响力。在社会体系和人类行为中，广义的“权力”概念，即我们能在多大程度上以及怎样获得我们所欲之物；狭义的“权力”概念，即我们为取得所欲之物而支配他人做事的能力。在人类知识和技能增长带来的全面影响之下，权力结构日趋复杂。在广义的权力概念下，有多种类别和形式的权力，主要有三种：“威胁权力”（破坏权力）、“经济权力”（生产与交换权力）和“整合权力”——或可称为大棒、胡萝卜和拥抱。整合权力能够创造某种关系，如爱、尊敬、友谊、合法性等。整合权力是权力的重要和主导形式，即在合法性缺失的情况下，威胁权力和经济权力都不能有所作为，而合法性正是整合权力的一个重要方面。①

政府对公权力的运用是行政职责，以社会公益为目的，具有不可放弃性。伴随着新技术带来的竞争加剧、权力下放和再分配，政府的形态将不得不发生改变，其以执行政策为核心的职能将逐步弱化。政府被看作公共服务中心，其是否具备以最有效的方式提供更广泛公共服务的能力要接受公众的评估。正如狄骥所说：“有一种为了满足组织公共服务的需要而必须的权力。除非是为了实现这目的，它的行为没有任何效力或法律价值。”② 行政职权是依附于行政职责即狄骥所说的公共服务而存在的，行政职权是保证完成行政任务、履行行政职责的一种必要手段，行政职责是目的和根本，行政职权因行政职责而存在。

---

① ［英］肯尼迪·E·博尔丁：《权力的三张面孔》，张岩译，北京：经济科学出版社2012年版，导言。

② ［法］莱昂·狄骥：《公法的变迁》，郑戈、冷静译，沈阳：辽海出版社、春风文艺出版社1999年版，第13页。

行政职责是行政职权的根据和界限。[①] 行政职责具有先在性、独立性，行政职权具有衍生性、依附性。一方面，行政职责的存在与行政职权的享有是不可分割的，这是维护公共利益的必然要求。只分配职责不赋予权力即有责无权，职责的履行就没有保障，行政目的就难以达成。另一方面，又要看到，行政职责既是制约行政职权的因素和力量，又是直接体现行政权的实质、来源和目的的因素和方面。从民主政治、法治政治以及责任政治的观点和要求来看，行政权力的依法取得和运用，都是以必须履行行政职责为着眼点、落脚点和担保点的。[②]

简言之，政府权力范围是指政府在保障公民基本权利的过程中，可以做什么、应当做什么以及禁止做什么的具体范围。政府的权力行使必须指向“政府的任务”——那些代表公众适当地完成的任务，也就是“政府职能”。政府职能是代表公众适当行使的职能，而不是代表职能机构本身或某些个人或团体而行使的职能。因此，引发了如何在公众和公民之间，在不同部分的公众之间分配因公共职能行使而产生的风险及成本的问题。人类在不断完善分配的能力和权力，国家和社会不断完善对权力的运用与分配，也在不断完善对责任的运用和分配。政府应是机构能力的建设者，制度规范的制定者，多主体合作、协商的组织者和促成者。政府需要发挥积极作用，投入建设资源、推动合作、打破僵局并且推动形成合意。公共服务的性质决定了不可能完全由市场自发提供，公共服务作为政府的重要责任和核心职能，越来越呈现出现代社会发展的一般趋势。政府保留对决策过程的控制权，同时接受监督。正式的法

---

① 王学辉、宋玉波：《行政权研究》，北京：中国检察出版社 2002 年版，第 118 页。

② 杨解君主编：《行政责任问题研究》，北京：北京大学出版社 2005 年版，第 165 页。

律程序和行政机关监督会带来具有充分责任性的表象，但非正式机制在该过程中亦可以发挥重要的作用。

相对于权力的威胁性、整合性，责任也包括惩罚性和建设性。对于一个完整的责任体系来说，只有惩罚是不够的，责任总是代表着一定程度的行为导向，反面激励的建设性作用有限，如果不能取得正面的激励，责任体系的运行将是十分被动的。所以，智慧城市建设的责任体系里并不能只关注规制、管理，而是通过满足各方面发展需求，尤其是人的需求来推动城市的发展。政府应积极适应当今飞速变革的时代，使其组织结构更具有效率，更具有竞争力。责任在沟通、协调社会关系方面扮演着极其重要的角色，可以极大地增强智慧城市对人类社会发展的积极贡献，同时减缓迅速的科技变革可能带来的负面影响，让相关社会结构和社会关系更为有效，更为互利，让智慧城市发展真正促进人类福祉。认识智慧城市建设中的政府责任十分关键，特别是在利益主体多元化的情况下，更需要明确政府在智慧城市建设中的责任和定位，需要强调的是，明确政府责任并不等于政府包揽智慧城市建设的方方面面，而是要发挥多领域的积极性，这样既可以减少城市建设的死角，又能够提高城市治理的绩效。

智慧城市建设要求将物联网、云计算、大数据等新一代信息技术充分运用于城市经济、社会民生、公共服务和政府决策管理等各行各业，更重要的是构建有利于创新涌现的制度环境与生态，实现以人为本的可持续创新。科学技术发展的新趋势逐渐改变了人们对科学的基本理解。科学不仅仅是一种知识，还是一种社会系统或社会控制。科技的突变会如何影响内在自我？确保科技服务于我们而不是奴役我们是每个人义不容辞的责任。智慧城市建设的重心并不是科学技术创新应用的实践，而是要在促进信息化与工业化、城市化深度融合的过程中，提高城市可持续发展能力、实现城市精细化和动态管理，增进居民的民生福祉。《关于促进智慧城市健康发展的指导意见》中指出："城市人民政府是智慧城市建设的责任主体"。城市政府应当围绕智慧城市建设的各项工作做好责任体系建设，保证政府责任体系既具备整合能力、生产与交换能力，也具备威慑能力，加强组织，细化措施，扎实推进各项工作，主动接受社会监督，确保智慧城市建设健康有序推进。

## 二、政府在智慧城市建设中的政治责任

### （一）政治责任是首要责任

政治的内涵十分丰富，既包括政治团体进行政治活动、参与政务决策，也包括国家机关实现国家治理的过程，政权与治理紧密相连。实施政治活动的主体很广泛，包括政权组织、国家机关、社会组织、个人等。政治是人类社会非常重要的社会现象，虽然从事政治行为较多的是政府和政党，但政治关系每一个社会成员利益，并支配他们的行为。政治责任是指政治主体根据政治规范应当履行的义务，以及不履行政治义务时所应当承担的不利后果。政治责任是政治责任主体所必须坚持的基本责任，它不仅仅和公民的政治生活密切联系，更是国家责任的重中之重。

政治责任体现社会与政治系统间的"委托-代理关系"，实施功能是给公共权力行使者提供权能和民意基础。政治责任的承担主体主要是各级政府，而政府作为行政机关有责任制定并执行良善的政策，当没有尽到职责时应该承受应有的惩罚。[①] 政治责任既要符合形式正义，又要满足实质正义。政治

① 张贤明：《论政治责任的相对性》，《政治学研究》2001 年第 4 期。

责任包括两个层面的责任：一是积极责任或主动责任，即政府应制定符合民意的公共政策并推动其实施的职责；二是消极责任或被动责任，即政府未履行积极责任或主动责任所应承受的否定性评价。① 政治责任是制约掌握公权力的行政人员的利器，政治责任主体在违法犯罪后，应当首先追究政治责任，如果不首先追究其政治责任，可能因掌握公权力而致使其逃避法律的制裁。即使政治责任主体在制定政策或者执行行政行为时完全符合法律规范，但制定的政策或者执行的行政行为不利于国家和人民利益时，也应当承担政治责任。②

在政治素质和政治觉悟上，对政治责任主体的要求标准应当比普通民众要高。政治素质是个人的政治方向、政治立场、政治观念、政治态度、政治信仰、政治技能的综合表现，是从事社会政治活动所必需的基本条件和基本品质。③ 政治责任的设定具有保障政府首脑以及相关决策者在处理复杂多样的事务时能够具有足够的权限保障社会管理有序开展以及公共治理顺利进行的功能；同时，在出现重大问题时通过对相关责任人开展问责，保障公众对政府的信任与理解，最大程度上实现执政者积极性的提高与社会效益的统一。④ 无过错原则是政治责任承担的原则，各级政府一般都是以机构首脑人物作为主要责任人。虽然法律可以对政治运转的程序以及运转方向等内容进行规定，但政治责任在具体责任追究与否的决断上会受到社会舆

---

① 王美文：《当代中国政府公务员责任体系及其实现机制研究》，北京：人民出版社 2008 年版，第 9 页。

② 郭道晖：《法的时代精神》，长沙：湖南人民出版社 1997 年版，第 468 页。

③ 薄建国：《教育行政问责中的法律责任、政治责任和道德责任》，《现代教育管理》2011 年第 8 期。

④ 仲亚东：《生态文明建设中的政府责任：政治责任与行政责任》，《吉首大学学报（社会科学版）》2015 年第 5 期。

论、政治效益等因素的影响。①

政治责任在社会场景中十分常见，但没有唯一的解释，可以从不同的角度加以理解。从职责承担角度而言，“政务官制定政府政策和领导监督其所在国家机关实施政策的责任被称为政治责任”。② 从承担主体角度而言，“民主政治代表着绝大多数的民意，对于严重违背民意的情形，应当由间接选举或者直接选举产生的行政首长担负政治责任”。③ 从责任范围角度而言，“行政机关执行行政行为时，必须符合合理性要求，如若不符合合理性要求，将承担政治上的责任。政治责任的范围既包括监督下级行政机关是否恰当地执行行政活动，也包括其自身制定的政策是否符合民意”。④ 政治责任主体的多元角色意味着其需要承担多重的责任。政治责任最严厉的承担方式是免除其行使国家公权力的资格，基本承担方式是在政治上受信任程度的下滑。政治责任主体除了要为其自身的政治行为承担政治责任，还需要为其下属机构或者个人承担政治责任。

作为形式的规则体系并不存在于人们的头脑和理论中，其与真实历史十分相似，是一种思想体系，也是一种关系的体系。规则的树立是一个思想的过程，更加是一个使得人与人之间关系规范化、秩序化、科学化的真实过程。这个规范化、秩序化和科学化的过程伴随着经济基础的发展，在整个社会产生客观自然的、普遍深远的变革。智慧城市建设是中国特色社会主义实践的有机组成部分。中国特色社会主义最本质特征是中国共产党领导。旗帜鲜明讲政治，是我们党作为马克思主义政党的根本要求，党的政治建设是党的根本性建设，决定党的建

① 高秦伟：《架构政府责任体系的理论探讨》，《行政与法》2002 年第 1 期。
② 陈鉴波：《现代政治学》，台北：三民书局 1974 年版，第 550 页。
③ 马起华：《政治制度》，台北：台湾商务印书馆 1978 年版，第 257 页。
④ 萨孟武：《政治学》，台北：三民书局 1986 年版，第 160 页。

设方向和效果。习近平总书记在党的十九大报告中强调:“党政军民学,东西南北中,党是领导一切的。必须增强政治意识、大局意识、核心意识、看齐意识,自觉维护党中央权威和集中统一领导,自觉在思想上政治上行动上同党中央保持高度一致,完善坚持党的领导的体制机制,坚持稳中求进工作总基调,统筹推进‘五位一体’总体布局,协调推进‘四个全面’战略布局,提高党把方向、谋大局、定政策、促改革的能力和定力,确保党始终总揽全局、协调各方。”习近平在2018年4月召开的全国网络安全和信息化工作会议上指出:“加强党对网信工作集中统一领导的决策,要提高网络综合治理能力,形成党委领导、政府管理、企业履责、社会监督、网民自律等多主体参与,经济、法律、技术等多种手段相结合的综合治网格局。”

《关于促进智慧城市健康发展的指导意见》是对《中共中央、国务院关于印发〈国家新型城镇化规划(2014—2020年)〉的通知》和《国务院关于促进信息消费扩大内需的若干意见》等有关要求的贯彻落实。《国家新型城镇化规划(2014—2020年)》是指导全国城镇化健康发展的宏观性、战略性、基础性规划,根据中国共产党第十八次全国代表大会报告、《中共中央关于全面深化改革若干重大问题的决定》、中央城镇化工作会议精神、《中华人民共和国国民经济和社会发展第十二个五年规划纲要》和《全国主体功能区规划》编制。建设智慧城市本身就是对党的路线、方针、政策的贯彻落实,城市政府作为建设智慧城市的责任主体,必须将政治责任放在首位,保障智慧城市建设围绕党的执政纲领而展开。

贯彻党的路线、方针和政策,提高行政人员的政治素质、政治觉悟是关键。行政人员必须了解、把握、认识承担政治责任的意义和目标。英国哲学家马丁·霍利斯在其著作《人的模型》中指出："所有的政治和社会理论，都依赖于某种人的模型。这种模型，解释驱动着人的是什么，以及制度因何存在。"我国政治学家萨孟武提出，法律上没有完全规定政治责任，行政合理与否的标准在于公意，而不在于法律。公意认为正确则正确，公意认为错误则错误，人民或者议会来代表公意，政府需要对人民或议会负政治责任。在民主制度下，人民或者议会来评价政治责任，法律来判断行政是否合法。[①] 主权在民是当代民主的一项基本原则。一切权力来源于人民，权力拥有者是人民，政府也必须在人民的控制中，政府在行使公权力时必须符合人民的意志，对人民负责。《中国共产党党章》总纲规定党的建设必须"坚持全心全意为人民服务。党除了工人阶级和最广大人民群众的利益，没有自己特殊的利益。党在任何时候都把群众利益放在第一位，同群众同甘共苦，保持最密切的联系，坚持权为民所用、情为民所系、利为民所谋，不允许任何党员脱离群众，凌驾于群众之上。"政党治理与国家治理具有同构性，党的执政能力建设与国家治理能力建设是一体的。政府建设智慧城市，承担好政治责任，必须将人民利益放在首位，全心全意为人民服务，体现以人为本的城市"智慧"。

### （二）善于结合法治建设

在社会生活的现实中，权力与法律都极少以纯粹的形式出现。如果出现一种完全不受规范限制的社会权力，那么这往往是种暂时的现象，它表明政府正处于一种极度危机或严重瘫痪的状况。从另一方面来看，法律通常也不会渗透于人类活动的一切方面并对之进行调整。在权力和自由裁量权方面，始终会

① 萨孟武：《政治学》，台北：三民书局 1986 年版，第 160 页。

存在一些法律所不能或只能部分渗透于其间的开放领域。一种社会秩序的典型情形，表现为权力与法律的某种相互渗透。不受制约的政治权力，乃是世界上最具动力的、最肆无忌惮的力量之一，而且滥用这种权力的危险也是始终存在的。权力在社会关系中代表着能动而易变的原则。但在另一方面，法律对无限制行使权力的做法设置了障碍，成为社会生活中的一种限制力量。①

行政裁量权在法律限制范围内能够得到抑制，形式合法性可以与政府官员以政策为导向的自由裁量性行为之实质存在相并存。法律自由的关键保障是，任何时候只要政府威胁，要对个人或财产实施政府强制，就要最严厉地维持对政府的形式合法性限制。② 政治运转形式是民主，而民主政治获得合法性是法治的前提。哈贝马斯在《现代国家中的合法性问题》中指出："合法性意味着一个政治秩序可以被合理地认为是正当而正确的；一个合法的秩序应当得到认可。合法性意味着一个政治秩序值得认可。"法律在保障民主的同时也制约着民主，在民主政治下追究其政治责任自然也需要在法定程序下实现。追究政治责任是评价政治责任主体行使公权力的效果，直接影响着是否剥夺政治责任主体的资格和是否能够平稳地转移政治权力。为了保障民主政治的良性运转，各种政治活动必须符合相应的规则和程序。在某种程度上，法律责任极易导致政治责任，但并非所有的法律责任都必然导致政治责任。③

① ［美］E·博登海默：《法理学、法律哲学与法律方法》，邓正来译，北京：中国政法大学出版社 2010 年版，第 372—377 页。

② ［美］布雷恩·Z. 塔玛纳哈：《论法治——历史、政治和理论》，李桂林译，武汉：武汉大学出版社 2010 年版，第 154 页。

③ 俞德鹏：《政治法律责任：政治责任与法律责任的交叉域》，《宁夏社会科学》2017 年第 1 期。

虽然法律可以明文规定政治责任应当符合何种程序，可以规定其运转的方向，但法律不可能规定出所有政治活动的内容。政策的制定和实施必须遵守法律，但是政策尚未上升为法律时，也并不意味其不合法。法律无法完全界定政治责任，所以，评价政治责任主体是否履行政治责任需要看其对权力（利）的行使是否符合法律规定，还要看其行为是否实质合理。在整个历史上，法治的不可或缺的要素是政府官员和一般民众接受法治的价值和正当性，并逐渐视其为理所当然之事。[①] 在现实的客观物质世界中，行为关系优先于规范，我们看到国家治理能力的表现形式是不够的，熟知它的内容也是不够的，还必须深入发现其所蕴含的内容在生活中，即在社会关系中得以履行的事实基础，以便总结经验，完善我们的制度体系。

智慧城市是提升国家治理能力的抓手。国家治理能力现代化的内容非常丰富，包括了国家治理制度化、科学化、民主化、规范化、法治化和协调有机的高效运行体系。提升国家治理能力就是要把运用国家制度管理社会各方面事务的能力提高到适应当前以及未来社会发展的现代化水平上来。在智慧城市的建设中，我们基于法治的同时，还要着力依靠党的章程和具体制度，通过有秩序地、系统地适用激励，来调整关系和安排行为。纪律是法律规范的政治对应物，我们的制度建立在明确的法律结构之上，贯彻落实政治责任需要依靠法治的力量。党的十八届四中全会审议通过的《中共中央关于全面推进依法治国若干重大问题的决定》中指出："把党领导人民制定和实施宪法法律同党坚持在宪法法律范围内活动统一起来，善于使

---

① ［美］布雷恩·Z. 塔玛纳哈：《论法治——历史、政治和理论》，李桂林译，武汉：武汉大学出版社2010年版，第178页。

党的主张通过法定程序成为国家意志，善于使党组织推荐的人选通过法定程序成为国家政权机关的领导人员，善于通过国家政权机关实施党对国家和社会的领导，善于运用民主集中制原则维护中央权威、维护全党全国团结统一。”

《中华人民共和国宪法》第一条规定：“社会主义制度是中华人民共和国的根本制度。中国共产党领导是中国特色社会主义最本质的特征。禁止任何组织或者个人破坏社会主义制度。”坚持党领导下的中国特色社会主义制度是最根本的政治责任。把握住政治立场才能够推动智慧城市的建设。《关于促进智慧城市健康发展的指导意见》中强调智慧城市的建设必须“可管可控，确保安全”，要“强化网络和信息安全管理，落实责任机制”。《中华人民共和国网络安全法》第六条明确规定要“推动传播社会主义核心价值观”，第十二条规定“任何个人和组织使用网络应当遵守宪法法律，遵守公共秩序，尊重社会公德，不得危害网络安全，不得利用网络从事危害国家安全、荣誉和利益，煽动颠覆国家政权、推翻社会主义制度，煽动分裂国家、破坏国家统一，宣扬恐怖主义、极端主义，宣扬民族仇恨、民族歧视，传播暴力、淫秽色情信息，编造、传播虚假信息扰乱经济秩序和社会秩序，以及侵害他人名誉、隐私、知识产权和其他合法权益等活动。”将政治责任贯穿于法治建设之中，保证了智慧城市建设体系运行的稳定性，同时，将对公务人员的监督拓展到了政治领域，让违法违纪行为无所遁形，有力地保障了制度规范的执行。

## 三、政府在智慧城市建设中的法律责任

### （一）过去责任和预期责任的衔接

“责任”是一个基本的法律概念，法律责任具有非法律责

任在实践中所缺乏的制度性资源，这些制度性资源包括制定、适用、执行的规则和原则，以及保障执行的强制力。许多在日常生活中可以不被解决的责任问题，在它们进入法律体系时就必须被面对。责任是一系列的社会实践的产物，而不仅仅是一系列概念的外在表现，责任是法律问题、道德问题，也是政治问题、社会问题，没有这些全面的理解，我们对责任概念和实践的描述就不完整。毫无疑问，无论是公民的基本权利结构，还是政府的权力范围，都需要以法律的形式固定下来，才能保持足够的稳定性，进而维持社会结构或秩序的稳定性。然而，究竟在何处划定行政自由裁量权与法律限制之间的界线，显然不能用一个简单的公式加以确定之。对于有效地实现某个重要的社会目的来讲，为自由裁量权留出相当的余地也许是至关重要的。但是另一方面，通过法规或行政规则而预先规定实施行政目的的方式方法，将该机构的典型运作方式公之于众，在许多情形中也都是可能的。再者，不论赋予该机构的非限制性的自由裁量权有多大，一般来讲，一旦这种自由裁量权被肆意滥用，受这种行为侵损的个人就应当具有某种方式以求助于公正的法庭。①

实际上，所有的行政行为都是从法律开始的。法律为大量的行政决策提供了合法性的标准。立法明确了行政机关的管辖、目标与权力，因而为行政当局提供了规范正当性，并寓含着一种工具性的行政观念：行政机关是被创造出来而且被授权执行立法过程作出的政策选择的。② 法律责任设定是国家立法

① ［美］E·博登海默：《法理学、法律哲学与法律方法》，邓正来译，北京：中国政法大学出版社2010年版，第386—387页。

② ［美］杰里·马肖：《贪婪、混沌和治理》，宋功德译，北京：商务印书馆2009年版，第207页。

机关的立法内容。国家立法机关关于法律责任的设定，是以文字表现的、国家代表社会表述的一种关于行为责任的普遍性预约，这种设定是代表社会群体向社会每一个成员表示：在一定条件下，行为人有承担不利后果的应当性。[①] 但是，责任概念的含义决定了国家立法机关不能随意地进行法律责任规定。法律责任包括价值要素、规范要素和事实要素三个基本要素。价值要素具体体现为“责任的根据”与“归责”。法律责任本身的价值思考就是“责任的根据”。“归责”是运用规范技术将道德因素、社会因素予以客观化，进行评价，使遭受侵害的法益与造成的原因结合，将负担施加给特定的责任人。[②] 规范要素主要指“救济权关系”。有权利必有救济，造成权益损害的法律事实所引发的法律后果就是救济权关系，本质上，法律责任就是通过强制力来实现救济权关系的机制。[③] “强制”是法律责任中的事实、经验要素。公权力依靠强制力保障受损权利得到救济。

法律责任的概念一直没有统一的定义。《布莱克法律词典》中将法律责任界定为：因某种行为而产生的受惩罚的义务以及对引起的损害予以赔偿或用别的方法予以补偿的义务。奥地利法学家凯尔森认为:“法律责任（responsibility，liability）是与法律义务相关的概念。一个人在法律上要对一定行为负责，或者他为此承担法律责任，意思就是，他作相反行为时，

① 张恒山:《法理要论（第三版）》，北京：北京大学出版社 2016 年版，第 465 页。

② 余军:《法律责任概念的双元价值构造》，《浙江学刊》2005 年第 1 期。

③ 余军、朱新力:《法律责任概念的形式构造》，《法学研究》2010 年第 4 期。

他应受制裁。"[1] 其提出的法律责任更多的是在论述不法行为和制裁之间的关系，一个人在法律上对一定行为负责或者承担法律责任。苏联巴格坐·沙赫马托夫认为国家强制或与之等同的社会强制而履行的义务就是法律责任，这种学说认为法律责任的指示范畴是义务，这种义务在某种意义上就是法律责任。[2] 我国法学界对法律责任较为主流的观点是：法律责任主要是由于违反法定义务和侵犯法定权利引起的由专门国家机关认定并归结于法律关系的有责任主体的、带有直接强制性的义务，即由于违反第一性法定义务而招致的第二性义务。[3]

在时间上看待责任有两个方向。例如像有责任性、应负责任性和课责，它们是向后看过去的行为和事件，形成"过去责任"的核心。相反，职务和任务的理念面向未来，形成义务和职责，即"预期责任"。法律既确立预期责任（"我们的责任是什么"），同时又赋予过去责任（"有责任意味着什么"）。从广义上说，预期责任可以被分为两类：第一类预期责任是产生好的结果（"建设性"责任）或者预防坏的结果发生（"预防性"责任）；第二类预期责任致力于避免坏的结果（"保护性"责任）。预期责任可以为"不作为"或"不履行义务"的过去责任奠定基础。过去责任不是一个目的，而仅仅是法律通过创造和赋予预期责任来寻求促进各种目的的一个方式。建设性的和预防性的责任对于促进人们的合作与创造价值的行为发挥着重要作用。预防比治理更好，完成预期法律责任比惩罚未完成或修补其后果更好。"威慑"通常被视为是施

① ［奥］凯尔森：《法与国家的一般理论》，沈宗灵译，北京：中国大百科全书出版社1995年版，第73页。

② 田旭：《法律责任学术观点综述》，《法制与社会》2013年第2期。

③ 张文显：《法理学》，北京：北京大学出版社、高等教育出版社1999年版，第122页。

加过去责任的一个重要作用。但是在一个运作良好的法律制度里，大多数人在大多数时候都会遵守预期责任，而毫不理会因为不遵守的行为而被施加过去责任的可能性。①

理解责任，要理解我们负有责任的含义，也要理解我们对什么负责以及我们的预期责任是什么。预期责任与过去责任是一个完整的责任链，预期责任十分重要，明确了“政府的任务”，推动人们的合作与创造，但是完美的预期责任并不能够取代严格的过去责任。法律责任是一个义务的伦理，是可接受的行为的最低标准，须具备强有力的保障才能够实现充分的“威慑”。法治是实现国家治理现代化的根本保障。《中华人民共和国宪法》规定：“中华人民共和国实行依法治国，建设社会主义法治国家。”智慧城市建设要以技术对技术，以技术管技术，更要实现以制度对技术，以制度管技术。

法治是制度的基石，法律责任为政府责任划下了底线。政府承担起建设智慧城市的责任，从不触碰底线到实现理想目标，贯穿着法律这根警戒线。智慧城市建设有法可依，政府建设智慧城市的法律责任才能成立。虽然与智慧城市建设相关的《网络安全法》已经实施，《电子商务法》也已经获得通过并于2019年1月1日起施行，但是总体上看，智慧城市相关立法是非常缺乏的，规范智慧城市建设的依据基本还是以规范性文件和公共政策为主。开展智慧城市建设的重要规范依据《关于促进智慧城市健康发展的指导意见》是国家发展改革委员会联合工业和信息化部等八部委联合发布的规范性文件，效力等级低，且没有责任实现的救济措施，责任落实、组织细化等没有一套“硬约束”加以保障。政府建设智慧城市的任务

---

① ［澳］皮特·凯恩：《法律与道德中的责任》，罗李华译，北京：商务印书馆2008年版，第49—55页。

已经逐渐清晰，预期责任逐步明确，必须加快相关立法，落实过去责任，将过去责任与预期责任相衔接，实现法治的权威。

## （二）运用原则应对变革

法律为在社会秩序中创制一定程度的稳定而所做的努力，同时也在某种程度上给该制度输入了抗动态的惰性，即法律往往落后于时代。法律制度中真正有深远意义的变化通常来自外界，人们往往是通过行使政治权力以推进立法行动而实现这些变化的，同时这些变化愈深刻，权力在实现这些变化方面的作用也就可能愈大。在汉娜·阿伦特看来，“当一场变化发生时，法律的确能够把它稳定化和合法化，但变化本身却从来都是法律以外行动的产物”。[①] 行政权力不断膨胀，行政事务层出不穷，纯粹法律之规制已不敷使用。行政主体的活动不仅受制于法律，而且受基本法理及依法律授权的法规的限制。究其实质，是将行政主体的合法意思上升为法，将法律之外延扩张至法，即由“依法律行政”扩充为“依法行政”。在“依法行政”基础上再倡导“依约行政”。法定义务与约定义务相辅相成。[②] 智慧城市起源于一场迅速展开的技术变革，经济模式、生活方式、思维习惯、公共政策等已经抢先影响着城市的治理。在智慧城市建设领域，法律规范的建构略显滞后，但这并不能说明法律的作用滞后，法律具体规范内容是法律的组成部分，法律的作用不仅通过具体规范发挥，还通过其原则、精神对调整对象加以法治的影响。

---

① ［美］E·博登海默：《法理学、法律哲学与法律方法》，邓正来译，北京：中国政法大学出版社2010年版，第374页。

② 杨解君主编：《行政责任问题研究》，北京：北京大学出版社2005年版，第93页。

原则被看作是规则的起源或基础的一般规则或根本规则。[①] 正如德国法学家阿列克西所言："原则是为规则提供某种基础或本源的综合性的、指导性的原理或价值准则的一种法律规范。它是具有高度的一般化层别的规范。"[②] 张文显教授指出，原则的功能在于指导和协调法律调整机制、进行司法推理、选择法律行为，平衡互相重迭或冲突的利益，为疑难案件找到合法的解决方法。[③] 具体而言，原则作用体现在：首先，在制度的创建过程中，原则指导和影响重要概念的形成及其内涵的确定，指导着具体规则的设计并制约着具体规则的变化。其次，在制度的实施过程中，原则指导着具体规则的使用，弥补了规则细节化的设计中可能导致的缺失，发挥了补救的作用，是确定裁量权合理范围的重要依据。再次，在制度实现社会价值的过程中，原则是制度价值目标的集中体现，是人们了解制度的起点，是契合不同利益群体价值观的桥梁，表明了制度引导人们行为的方向，能够促进人们主动约束自己的行为，实现对整个制度价值的尊重和维护。可见，原则集中彰显了制度设定的目标，奠定了整个制度的性质和基础，是制度结构中的核心内容与指导性要素，是制度结构的灵魂。

西塞罗认为，社会控制的基础并不在制定法中，而是在那种内在于自然（即事物之理想）的道德精神之中。他所谓的"自然的法"的基础乃是这样一种观念，即每一种东西都有一种应当可以从其特征和目的中推演出来的，自然的（即理想的）原则。这意味着一切都应当与人的目的相调试，这种自

---

① 舒国滢：《法理学导论》，北京：北京大学出版社 2006 年版，第 109 页。

② ［德］阿列克西：《法律论证理论》，舒国滢译，北京：中国法制出版社 2002 年版，第 301 页。

③ 张文显：《法哲学范畴研究》（修订版），北京：中国政法大学出版社 2001 年版，第 54 页。

然的法包含有一种对实质而非形式的诉求，亦即一种对理性原则的诉求，以反对传统上的形式和专断的规则。法律之根本且恒久的部分存在于它的原则——推理的出发点之中，而并不存在于其规则之中。原则持续且恒定，或者说依恒定路线而发展，相对而言，规则只适用于一时，他们一般不会发展，他们会随时被废除，并为其他规则所替代。[①] 法律责任体系的建立是法律原则的具体化，实现法律的原则和精神是法律责任的使命所在。

法律深深植根于其所存在的社会、政治、经济和历史背景，法律责任是一套服务于社会功能的社会实践。事实与价值之间的内在联系是我们所建构的法律责任框架中不可避免的因素。知识必须到意义中去寻找。知识是关系性的。知识的这些特性表明：我们不可能在人类目的的社会背景之外来确定真理或谬误。[②] 立法的目的在于：首先确立一些评价法律和社会制度的标准，然后用它们去指导政府正确行使其立法权。法律责任的设置与运用并不是一门追求价值中立的科学。在法律之内或者之外，责任的概念和原则都不是（纯粹）因为它们本身的原因而存在的，而是作为承担责任和使负有责任的一套复杂的实践的一部分。[③]

责任分析通常以行为人为中心，公法领域的责任关注点是社会决策的程序和机构，而这些决策内容和程序是由具体的人来完成的，所以我们最为关注的是如何限制和约束公务人员运

---

① 邓正来编：《西方法律哲学文选》，北京：法律出版社 2008 年版，第 45 页。

② ［英］马丁·洛克林：《公法与政治理论》，郑戈译，北京：商务印书馆 2013 年版，第 71 页。

③ ［澳］皮特·凯恩：《法律与道德中的责任》，罗李华译，北京：商务印书馆 2008 年版，第 419 页。

用公权力作出决策，防止公务人员产生利益倾向，忽视、侵犯公共利益。公法范式中责任原则的社会功能主要是防止损害和阻止某些行为，其关注的核心是公共职能的行使。一方面，公法关注社会的总体福利——“公共利益”，积极地处理公共职能部门的职能、结构、组织和程序；另一方面，它通过确立和执行公共职能部门的责任来消极地管理、控制和审查公共职能的行使。为此我们可以把公共职能定义为代表公众和为公众利益而行使的职能，并不是为了公共职能部门自身的利益，也不是代表某一个人或团体而为其利益行使的职能。政府的法律任务之一是提供确定如何分配由这类行为而引起的风险和成本的责任原则。①

随着公共服务型国家的规模和权力的不断增长，提出“公共服务”概念的法学家狄骥指出：公法的基础已经不再是命令，而变成了组织。② 国家立法颁行的行为规则只有在为广大人民群众所接受、并被绝大多数人付诸行为实践时，才成为真正的法律。法律要想为人民群众所接受、被绝大多数人自觉地施行，它就必须满足、符合人民群众的需要，适合人民的基本理性要求。建设数据驱动的智慧城市依赖于广泛的参与者（公私双方）、各种工具（规范和契约）以及多项强化责任性的机制（某些是市场性的，某些是政治性的，还有某些是法律性的）。智慧城市建设为了人民、依靠人民、造福人民、保护人民，以保障人民根本权益为出发点和落脚点。政府对法律责任的承担是对法律规范的遵守，更是对个人权利的保障、对公共利益的维护。在智慧城市这张技术与人共存的“无缝之

---

① ［澳］皮特·凯恩：《法律与道德中的责任》，罗李华译，北京：商务印书馆2008年，第376—381页。

② 狄骥：《法律与国家》，《哈佛法律评论》1917年第31卷，第49页。

网”中，法律责任的实现应当超越技术理性的局限性，站在人性之自然的高度把握科技对社会的推动。

## 四、政府在智慧城市建设中的行政责任

### （一）加快完善客观责任

行政乃是为实现某个私人目的或公共目的而在具体情形中对权力的行使。行政通常所涉及的是对某种财产、公司、政府机构或其他形式的私人企业和政府企业的管理（分为私人行政和公共行政）。[①] 行政责任广泛应用于法学和行政学领域。在行政法学研究中，行政责任被认为是一种法律性质的责任，从广义上说，行政责任便是行政法律规范要求行政法主体（行政主体和相对人）在具体的行政法律关系中履行和承担的义务。从狭义上说，行政责任是指行政法律关系主体由于违反行政法律规范或不履行行政法律义务而依法承担的行政法律后果。[②] 行政责任涵盖了第一性义务和第二性义务。[③]

行政学的学者并不能认同行政法学的学者将行政责任完全看作是一种法律性质的责任的观点。在行政学中，也有学者区分了广义行政责任和狭义行政责任。从广义上来理解，国家行政机关和授权的组织及其公务人员因其公职身份而对人民、法律法规以及社会价值规范等应负的政治、法律、社会和道德责任统统属于行政责任的范围；而狭义的行政责任认为除法律责任之外的一切社会责任。行政责任的责任性质包含两个方面，

---

① ［美］E·博登海默：《法理学、法律哲学与法律方法》，邓正来译，北京：中国政法大学出版社 2010 年版，第 379 页。

② 罗豪才主编：《行政法学》，北京：北京大学出版社 1996 年版，第 318 页。

③ 杨解君主编：《行政责任问题研究》，北京：北京大学出版社 2005 年版，第 79 页。

一是本职工作范围内应做的事或行为，即一种义务或职责；二是未能保障其行政职责或义务得到切实履行而导致的非法律上的后果。[①] 行政责任体现着权力行使机关内部的“命令-服从”关系，追求行政理性。行政责任对责任承担主体实行过错责任制。在行政活动中，行政人员总是会直接或间接地参与到政治活动之中，组织成员的行为活动受到相应政府首脑的指导和规制，与此同时政府首脑也会因成员行为活动承担政治连带责任。[②] 行政责任是为了推动政府管理向依法行政、权责统一的服务型管理模式转变，保障行政事务能够得到及时高效的执行与处理，从整体上看加强对行政责任的追究，对于提高政府法治化、规范化水平，真正意义上成为服务型政府具有重要的价值。[③]

美国行政学家弗雷德里克·莫舍曾指出：“在公共行政和私人部门的所有词汇中，责任一词是最重要的。”行政学研究领域认为行政责任分为两个主要方面：客观责任和主观责任。客观责任与来自外部的影响因素有关，主观责任则与我们内心的观念和想法即对自身责任的认识有关。客观责任之所以是客观的，是因为产生职责和义务的原因存在于个体自身之外的客观世界，是基于个体所处的行政职位等客观因素而作出的判断与决策。客观责任在具体形式上包括两个方面：职责和应尽的义务。所有的客观责任都包括对某人或某集体负责，对某一任务、人员管理和实现某一目标负责。这些客观性来源包括：法律（任何组织和个人都要在法律管辖范围内活动），社会公众

① 王聪：《行政责任与行政法律责任之比较》，《中国商界（下半月）》2010年第1期。

② 蔡放波：《论政府责任体系的构建》，《中国行政管理》2004年第4期。

③ 仲亚东：《生态文明建设中的政府责任：政治责任与行政责任》，《吉首大学学报（社会科学版）》2015年第5期。

（洞察、理解和权衡公民的喜好、要求和其他利益），公共利益（衡量各自的行为是否负责任的最终衡量标准），组织的规则和政策、工作描述、职业准则等。① 这其中最为常用的客观性来源就是法律和行政组织的规则与政策。公共利益、职业准则等体现在法律法规、公共政策、组织规则之中。政府是公权力的代表，受人民的委托，是否履行了职责必须接受外部的评价。客观责任是政府承担责任的主要形式，能够有效推动政府治理模式的改善。

智慧城市建设呼唤在信息化社会深度运用大数据、云计算、物联网、移动客户端等先进信息技术对社会进行透明、高效、负责、协同治理，向公众提供智能、全面、优质、个性化公共产品和服务的新型政府治理模式。② 随着大数据时代的到来，以新一代智能电子技术为驱动，构建智慧型、服务型电子政府是实现政府重构的大趋势。③ 1993 年底，我国中央政府宣布了“三金工程”④，以此来加强信息化的基础设施建设。1999 年，中国电子政务以“政府上网工程”和“国家信息化领导小组”的成立为标志进入了起步发展阶段。⑤ 在国家实施了“政府上网工程”后，电子政府的建设得到了很大的发展。2002 年，《国家信息化领导小组关于我国电子政务建设指导意见》进一步助推了我国电子政务的发展。2005 年前后，随着 Web2.0、GPRS 和 CDMA 等通信技术的发展，借助于手机、

---

① ［美］特里·L·库珀：《行政伦理学：实现行政责任的途径（第五版）》，张秀琴译，音正权校对，北京：中国人民大学出版社 2017 年版，第 74—82 页。

② 费军、贾慧真：《智慧政府视角下政务 App 提供公共服务平台路径选择》，《电子政务》2015 年第 9 期。

③ 霍亮、杨柳：《云架构下智慧政府服务模式研究》，《现代情报》2016 年第 7 期。

④ 即“金桥工程”“金卡工程”“金关工程”。

⑤ 汪玉凯：《中国电子政务的发展展望》，《中国信息界》2010 年第 4 期。

PDA、个人通信助理等移动通信设备，电子政府进入移动政府阶段。[①] 近年来，在智能识别、物联网、语义网、Web3.0 等迅速发展的背景下，电子政府逐渐进入智慧政府的阶段。[②] 2015 年全国“两会”将“互联网+”首次写入政府工作报告。当前，智能手机、平板电脑等智能终端拥有量逐年增加，网络宽带和硬件传感器等基础设施不断完善，互联网的发展使数字鸿沟进一步缩小。[③]

信息化建设是智慧政府、智慧城市建设的基础。2006 年，中共中央办公厅、国务院办公厅印发《2006—2020 年国家信息化发展战略》。之后，尤其是从 2012 年开始，围绕信息化建设、物联网、“互联网+”等时代热点，国务院出台了一系列规划和政策，比如《关于大力推进信息化发展和切实保障信息安全的若干意见》（2012 年），《关于促进信息消费扩大内需的若干意见》（2013 年），《关于推进物联网有序健康发展的指导意见》（2013 年），《关于积极推进“互联网+”行动的指导意见》（2015 年），《“互联网+政务服务”技术体系建设指南》（2016 年），《进一步深化“互联网+政务服务”推进政务服务“一网、一门、一次”改革实施方案》（2018 年）。2016 年底，全国人大常委会审议通过了《中华人民共和国网络安全法》（已于 2017 年 6 月施行）。围绕智慧城市建设，住房和城乡建设部于 2012 年出台了《国家智慧城市试点暂行管理办法》和《国家智慧城市（区、镇）试点指标体系（试

① 赵钉、陈贵梧：《从电子政务到智慧政务：范式转变、关键问题及政府应对策略》，《情报杂志》2013 年第 1 期。

② 郭渐强、苏蔚：《智慧政府视角下降低行政决策成本研究》，《广西社会科学》2017 年第 8 期。

③ 费军、贾慧真：《智慧政府视角下政务 App 提供公共服务平台路径选择》，《电子政务》2015 年第 9 期。

行)》，国家发展和改革委会同工业和信息化部等国家八部委于2014年印发《关于促进智慧城市健康发展的指导意见》，国家发展和改革委员会、中央网信办、国家标准委于2016年联合发布《新型智慧城市评价指标》，国家测绘地理信息局在2017年印发《关于加快推进智慧城市时空大数据与云平台建设试点工作的通知》，交通运输部于2017年出台《智慧交通让出行更便捷行动方案（2017—2020年)》。可见，各部委对于“智慧+”建设十分重视，近几年从各自的职能范围出发努力构建制度规则体系，规范自身职能的行使，促进“智慧+”的健康有序发展。

建设智慧城市的外部客观约束正在多方因素（国家政治体制、社会发展形势、行政公平与效率、公共利益等）的共同作用下逐步建立起来。实现客观责任来源对于责任主体的约束，需要强调客观责任的有效性更要强调客观责任的实效性。实效性是有效性的一个更进一步的条件。为了确保客观责任的实效，客观责任必须基于公开、有效、规范的规则体系。一项规则是对一个确定的具体事实状态赋予一种确定的具体后果。① 很多时候，责任的承担是源于适用规则的困难，而适用规则的困难源于对适用事实的判断。我国目前正处于智慧城市建设的初始阶段，政府责任的客观规范约束存在明显的不足：一是政策层面的文件越来越丰富，但是上升到法律法规层面的还很少；二是各部委出台的相关文件达不到有效衔接，文件内容也十分粗略，责任不够明确、具体，基本无法形成约束实效；三是无论是法律法规还是政策文件的形成，对于社会公众参与（包括市场主体、社会组织等的参与）重视不够，与第

① ［美］曼瑟·奥尔森：《权力和繁荣》，苏长和、嵇飞译，上海：上海世纪出版集团2014年版，第69页。

四次工业变革过程中市场主体、社会组织乃至个人显著影响了“智慧+”进程的情况形成反差；四是各个地方、各个试点都在加快发展的脚步，顶层设计缺乏，系统合力没有形成，制度显著落后于实践。让政府在智慧城市建设中的客观责任发挥实效，必须重视对行政责任客观性来源的把握，加快构建法律法规体系，协调公共政策，完善行政程序，重视公众参与，协调市场、社会、个人的力量，对政府形成有效的外部约束。

### （二）积极落实主观责任

行政责任的客观责任与来自责任主体的外部影响因素有关。而行政责任的主观责任则与责任主体的观念，即对自身责任的认识有关，是对理想信念、个人价值观和职业道德以及责任主体的性格特征的一种表达。因为这些心理活动终将会直接反映到责任主体的行为之中，所以，同客观责任一样，主观责任也是真实的客观存在。外部强加的义务只是责任的一个方面。与此并列的是自己内心的情感和信仰赋予我们的主观责任。客观责任来源于法律、组织机构、社会对行政人员的角色期待。但主观责任却根植于我们自己对忠诚、良知、认同的信仰。

行政管理角色过程中的主观责任的履行是职业道德的反映，而职业道德则是通过个人经历逐步建立起来的。[①] 如果责任意识不能内化成价值理念，制度设计的作用就会大打折扣。唯有行政人员自觉地将政府责任内化为责任和义务，才会在面对角色、责任、利益、权威等方面的冲突时，启动道德自律机制，做出符合公共价值的选择。因此，在强调制度设计的同

① ［美］特里·L·库珀：《行政伦理学：实现行政责任的途径（第五版）》，张秀琴译，音正权校对，北京：中国人民大学出版社 2017 年版，第 84 页。

时，不能忽视思想教育，包括加强公民意识教育，加强公民意识和敢于监督政府的责任意识等。① 智慧城市建设充满挑战，我们可以化挑战为机遇，全力应对，做出必要改变并制定相关政策，从而适应新环境，最终实现繁荣发展。只有综合运用我们在思维、心灵和精神方面的智慧，我们才能有效应对这些挑战。②

负责任的行政人员就是担负责任的人。一个负责任的人是想认真对待其职责的人，他对其职责予以慎重的考虑，并为履行它们而付出重大努力。这种意义上的责任既可以是道德上的，也可以是法律上的，还可以是两者以外的。③ 负责任的行政人员必须能够为自己的行为给他人（如监督者、法庭以及市民等）造成的影响负责，这就意味着要能够解释和说明为何他们要采取会造成某种特定后果的特定行为。他们还必须能够把公共利益作为自己的职业指南，并把这一指南内化为自己的内心信念，以自己的行为方式体现行为与这一信念之间的一致。也就是说，作为一个负责任的行政人员一方面要在客观上为自己的行为负责，另一方面在主观上还要使自己的行为与职业价值观相一致。④

研究主观责任和责任主体的关系，只去关注责任主体的行为是不够的，还必须能够了解产生这些行为的心理活动。我们关于对某人负责和为某事负责的情感和信仰是在社会化过程中

---

① 曲丽涛：《公民社会与有限责任政府的构建》，《宁夏党校学报》2009 年第 3 期。

② ［德］克劳斯·施瓦布：《第四次工业革命转型的力量》，李菁译，北京：中信出版社 2016 年版，第 111 页。

③ ［美］H. L. Hart：《惩罚与责任》，王勇等译，北京：华夏出版社 1989 年版，第 202 页。

④ ［美］特里·L·库珀：《行政伦理学：实现行政责任的途径（第五版）》，张秀琴译，音正权校对，北京：中国人民大学出版社 2017 年版，第 6 页。

产生的。它们是价值观、态度和信念的表现，而这些价值观、态度和信念是我们从家庭、公立学校、宗教派别、朋友、职业训练和组织活动中获得的。通过这些经历我们开始认识自然规律和人类行为方式，这些都成为以实践经验为基础的人的认识过程的一部分。[①] 制度能够成就社会的变革，社会秩序可以依靠各种行为规制来实现。不过，制度是由时代创造的，而这个时代是人类社会观念、习俗和情感的产物，并且，人的观念、习俗和情感难以随着法典的修订而被同时改写。内心的信念、态度和价值观的形成与培养是一个社会化与制度化的过程。态度是可以转化的，观念是可以塑造的，只要具备了一定的条件，一些沉睡心底的价值观就会被一定的社会条件所唤起。虽然社会群体接受一种观念需要时间的培养，但是只有让观念进入人们的无意识领域，变成人们的情感“偏好”，制度才能够稳定地通过人们自发的行为加以实现。

智慧城市建设直接面对广大的社会公众，事务纷繁，战线绵长。面对“合乎时代潮流，顺应人民意愿”的总体要求，和“完善公共服务体系，不断满足人民日益增长的美好生活需要”的奋斗目标，一方面，大量工作落实在社会第一线，基层工作任务十分繁重，公务人员面临繁重的重复的事务性工作，容易失去工作热情，甚至产生应付、烦躁等负面情绪；另一方面，智慧城市治理的内容和形式都在积极创新，政府运用市场机制调动社会力量参与城市建设，比如政府购买公共服务，PPP 模式（政府和社会资本合作），政府在这些摸着石头过河的过程中，容易“迷失自己”，存在将部门利益、个人利益凌驾于公共利益之上的危险。社会中的各种状况往往与个人

① ［美］特里·L·库珀：《行政伦理学：实现行政责任的途径（第五版）》，张秀琴译，音正权校对，北京：中国人民大学出版社 2017 年版，第 85 页。

的内心活动存在对应性。可以说，内心折射出了社会现实。如果负面的情绪和错误的认识不断地得到重复，就会容易形成一种风气，像流感一样传染给身处其中的人。若进入这种状态，这些内心活动就不仅仅是个人的情绪了，而演变成为负面的环境，对制度形成根本的伤害。

主观情感与工作存在密切的能量交换关系：一方面，工作能量是情感能量的升华，人与工作的联系为力比多[①]各种情感提供了巨大的“发泄口”；另一方面，内心能量可以从工作中充值，工作情境是人们制造的增进情感能量的互动仪式。[②] 在我们良好的社会情感基础之上，应当采取理性的措施发扬规范的情感，尤其是规范的职业情感、公共情感。规范职业情感、公共情感需要对个人情感作出调节，这个过程可分为三个部分：明确目标，行动准备和一个行为控制环路。

首先，明确目标，即梳理观念、根植理想。政府建设智慧城市的理想目标已经很明确了，简言之就是提升治理能力，完善公共服务，增强人民的获得感、幸福感和安全感。但这里的关键是选定目标之后，必须对工作目标充满胜利的信心和信念。人们对他们自身能否成功的信念对于自我调节过程有着极大的影响，这些信念被称为“自我效能感”。具有高自我效能感的人认为他们有能力获得成功、克服困难、达成目标。低自我效能感的人怀疑自己的能力，不相信自己能够达到目的。高度的自我效能感也能降低焦虑感，并使个体的注意力始终集中

① “力比多”由心理学家弗洛伊德提出，即性力，泛指身体器官的快感，指人心理现象中发生的本能的驱动力。

② 郭景萍：《情感社会学：理论·历史·现实》，上海：上海三联书店 2008 年版，第 507-508 页。

在任务上。[①]

其次，做好行动准备，即构建积极的信息情境。人们感受到的内心活动分为积极的情感（比如自豪感、幸福感）和消极的情感（比如内疚感、羞耻感）。人们得以形成积极职业观念的一种方式是在从业过程中能够得到有利的积极信息，与内因有关的可以归纳为个人因素，主要包括自我概念（自尊）、心境、目标。与外因有关的可以归纳为情境因素，主要包括社会角色、社会环境和近期事件。[②] 从内因看，公务人员应当有意识地过滤消极信息，接近积极信息，培养积极观念；从外因看，政府应引领社会风尚，营造积极氛围，让积极信息接近个人。具体到智慧城市建设过程，公务人员应当真正认识到自己同是群众一员，对待人民群众要从心底洋溢着亲情感；政府要重视以德导情、以法规情、以自然怡情，加强对工作模范的宣传，在全社会营造真善美的积极信息氛围。

再次，实现一个行为控制环路，即运用信息调节行为。主观情感发生的一个重要规律是情感引发情感。应该通过体制建设，把随机的、冲动性的个人情绪及时转变为稳定的、理性化的集体情感，让激情在秩序中持续迸发。积极的意识能够指导积极的行为，而积极的意识能够通过激活积极的个人因素和情境因素来形成。效果律认为，当反应之后会有一种“令人满意的事态”时，它就被“铭记在心”。只有通过积极的“强化”，即增强或使行为更可能再次发生，个体才能建立持久的反应模式。应当多多发现和肯定认真工作、敬岗爱业、热情服务的行为，在职业道德对工作发展的影响这一问题上，不能含

① ［美］乔纳森·布朗：《自我》，陈浩莺等译，北京：人民邮电出版社2017年版，第118页。

② ［美］乔纳森·布朗：《自我》，陈浩莺等译．北京：人民邮电出版社2017年版，第99页。

糊不清。政府也应当允许负面情绪得到适当的释放，使不良情感得到宣泄，避免情感在压力之下发生裂变和转变。公务人员面对繁重的事务性工作，难免会有负面的情绪，对待负面情绪要善于引导，构建容错机制。

主观责任实质上植根于经由社会传承的“人文”精神，强调人本位，倡导“仁爱”。“仁”是人与人，“爱”是爱心、包容心、将心比心。我们党一直强调人民主体性，以人民利益为中心。科技理性、社会变革无论如何影响人类的生活，人类社会维系的基础还是在人与人的相处、交流，在于“人文”关怀。实现智慧城市建设中政府的主观责任，政府必须积极面对个人的内心活动，促进责任主体和社会公众之间的情感互动，努力做到民主平等、将心比心。建设智慧城市对加快工业化、信息化、城镇化、农业现代化融合，提升城市可持续发展能力具有重要意义。城市是人民的城市，可持续发展是人的发展，政府责任的实现需要调动起人的主观能动性，将客观责任与主观责任相统一，全面落实城市发展的政府责任。

# 第五部分

## 政府因应智慧城市发展的能力建设

面对新兴技术和新兴思维的叠加涌现，政府亟须主动实现自我革新。政府是否能够及时转变思维、加快体制改革以适应智慧城市发展的需要，关乎政府主导智慧城市建设的合法性，以及制度实施的有效性。这体现了政府在权力运用和分配方面的能力，是一项严峻的挑战。正如摩伊西斯·奈姆所说："在21世纪，权力更容易获得，却更难行使，也更容易失去。"①能力是责任的前提，是完成一项目标或者任务所体现出来的综合素质。"城市人民政府是智慧城市建设的责任主体"，政府只有做好自身能力建设，才能切实履行职责、承担责任，让数字变革成为所有人的机遇。能力总是和一定的实践相联系，政府能力的体现对应智慧城市的实践需要。为此，政府必须时时注意对自身职能作出合理的调整，为智慧城市发展创造适合的环境。创造适合的环境不仅是要加快城市信息通信基础设施的建设，政府还要从观念、制度和行政管理能力建设入手，更加深入、持久、创新地改善城市治理结构，提高治理实效。

## 一、政府职能转变与电子政务的发展

### （一）政府职能及其转变

职能亦能理解为功能，即某个组成部分为整个功能有机体所作出的贡献。职能是功能体的作用，是功能体能力的体现。政府职能是指政府管理国家事务的职责和能力。政府职能从属于国家职能。国家三方面职能即政治职能、经济职能和社会公共管理职能，同时也存在于政府职能之中。但政府在履行职责时，侧重于组织和干预社会经济生活，以及处理和管理社会公

① ［德］克劳斯·施瓦布：《第四次工业革命：转型的力量》，李菁译，北京：中信出版社2016年版，第71页。

共事务，而国家权力机关侧重于整体职能的把握。[①] 政府三大职能（立法职能、司法职能、行政职能）中的行政职能，是政府代表国家治理和管理社会的主要方式，是国家实现社会控制、确立规范化的社会秩序的一个主要手段和途径。政府职能是政府功能的具体表现，从属并服务于政府功能。[②] 总的来看，政府职能框定了政府能力的基本内容和发展方向，政府能力的大小强弱则决定了政府职能的实现程度。

20 世纪 80 年代中后期，在经济体制改革和政治学理论发展的推动下，我国学界和政界逐渐开始讨论在社会主义商品经济条件下"政府应当做什么和怎么做"的问题。1984 年，"政府职能"第一次作为一个普遍性的概念得以确立。[③] 政府职能转变是上层建筑适应经济基础和生产力发展的客观要求。[④] 政府职能由国体、政体和经济社会发展状况决定，不同社会制度和经济体制下的政府职能各不相同。在市场经济体制下，政府职能体现着市场的要求和特征。我国实行的是社会主义市场经济体制，政府职能又体现着社会主义制度的特征。[⑤]

20 世纪初，法国公法学家莱昂·狄骥提出，作为公法基础的公共权力观念应该被公共服务观念所替代。1938 年，厄斯特·福斯多夫提出了"服务行政"的概念。20 世纪 70 年代，推动了著名的英国"新公共管理运动"和美国"重塑政

① 郭小聪：《论国家职能与政府职能》，《中山大学学报（社会科学版）》1997 年第 2 期。

② 田穗生：《对政府职能的理论分析》，《江汉论坛》1998 年第 4 期。

③ 吕同舟：《国内近年来关于政府职能转变的研究：论域聚焦、逻辑转向与研究展望》，《社会主义研究》2015 年第 4 期。

④ 李峻登：《政府职能理论与政府职能转变必然性》，《行政论坛》1996 年第 3 期。

⑤ 王澜明：《社会主义市场经济体制下的政府职能定位》，《中国行政管理》2005 年第 1 期。

府运动”的新公共管理理论，强调政府职能应从行政统治和管制转变为社会管理和服务。20世纪80年代以来，伴随着西方国家政府重塑运动的兴起和发展，强调政府服务理念的，以新公共管理为代表的现代公共行政理论与实践，成了政府改革的主导方式，在新公共管理理论基础上发展起来的新公共服务理论，更加强调了公共行政研究对公民权和公共服务的重视。可以说，公共服务是对政府职能转变的经验总结，是现代政府改革与治理的核心理念，为政府职能的发展和发挥厘清了未来的方向。简政放权、放管结合、优化服务，是转变政府职能的重要举措，也是我国政府现代化过程的一次伟大变革。[①]

政府改革重点要解决三个“位”，一是“越位”，二是“缺位”，三是“错位”。“越位”是政府干了企业和市场能干的事，不仅是裁判员，也是运动员；“缺位”是公共服务功能没有很好地发挥，把有权有利的部分抓得很紧，服务注意不够；“错位”是指宏观调控要靠政府，比如扩大就业是宏观调控的重要目标，而不是去管企业的下岗分流问题，投资主体也不应是政府。[②] 以发展为中心的时代，政府对发展的认识日益明晰，政府职能促发展成为现代占主流地位的政府理念。有限政府理念主要是建立在一种消极自由的基础之上，这种消极自由要求于国家或政府的是不干预的义务，任由个人自由经营和自由竞争。而随着社会公平、稳定、保障等问题得到了公众更多的关注，政府的积极作用得到了更多的重视，政府职能改革在划清与市场、社会的分界线时，强调强化政府能动性，克服

① 马建堂：《“放、管、服”三管齐下加快转变政府职能》，《行政管理改革》2015年第9期。

② 高尚全：《政府转型——献给改革开放30年》，北京：经济科学出版社2008年版，第337页。

政府职能错位、越位和缺位现象，最终落脚点在于政府职能的复位。政府必须全面履行经济调节、市场监管、社会管理和公共服务职能，通过创新社会管理体制，建立具有系统性和规范性的管理组织结构和管理方式方法，以实现更好的社会治理。

### （二）积极发展电子政务

据《中国互联网络发展状况统计报告》显示，2007 年 6 月，中国网民总人数为 1.62 亿，普及率 12.3%，低于全球 17.6% 的平均水平。[①] 截至 2018 年 6 月，我国网民规模已达 8.02 亿人，普及率为 57.7%。手机网民规模达 7.88 亿，网民通过手机接入互联网的比例高达 98.3%。[②] 历经十年，我国互联网普及率、信息化程度不断提高，从低于全球平均水平 5.3 个百分点到高于全球平均水平 4.1 个百分点，成效是十分显著的。我国互联网基础设施建设不断优化升级，移动互联网接入流量显著增长，网络信息服务朝着扩大网络覆盖范围、提升速度、降低费用的方向发展。互联网普惠化成果显著。尤其是城镇网民较 2017 年末增加 2764 万人，增幅为 4.9%，总规模为 5.91 亿，占比达 73.7%。[③] 城镇已经成为运用新兴技术实现社会治理目标的重要实践基地，城镇信息通信设施的完善，给智慧城市的建设打牢了基础。

20 世纪 70—80 年代，人们提出办公自动化，主要是利用信息和通信技术，处理办公室内部业务，偏重于文字处理及文件的制作、传送和存储。从 80 年代以后，管理信息系统又成

① CNNIC 发布第 20 次《中国互联网络发展状况统计报告》，参见 http://tech.hexun.com/2007/cnnic20th/.

② CNNIC 发布第 42 次《中国互联网络发展状况统计报告》，参见 http://www.fromgeek.com/aisygc/189267.html.

③ CNNIC 发布第 42 次《中国互联网络发展状况统计报告》，参见 http://www.fromgeek.com/aisygc/189267.html.

为人们关注的焦点，重点是支持决策和满足政府管理职能对适时、准确、相关信息的需求，是部门内部的信息集成。从 90 年代以后，国际互联网技术的发展和在政府管理中得到应用，人们又提出电子化政府或网络化的政府管理这一概念，即在政府内部行政电子化与自动化的基础上，利用网络等信息与通信技术连接政府各单位以及资料库，进一步对各系统进行整合并建立起电子化、数字化以及网络化的政府信息系统；并通过政府网络体系的建立，为社会公民提供信息和其他服务。[①] 现如今，许多城市会将服务、公共设施以及道路接入互联网。这些智慧应用能够对能源、物料流、物流运输及交通等领域进行管控。智慧城市正不断拓展其传感技术网络，致力于打造出能够连接不同技术项目的核心数据库平台，在此基础上依靠数据分析和预测模型拓展出新的服务。政府渐渐意识到，以往采集数据的方式已经过时，他们可以转而依靠大数据技术实现当下项目的自动化，为公民和消费者提供与时俱进的创新型服务。[②] 随着政府对信息技术的运用和建构，一个有回应力、有效率、负责任、具有更高服务品质的政府，正在时代中展现出蓬勃的生命力。

建设智慧城市，更好地利用数字技术，提高治理水平至关重要。更深入、更创新地应用网络技术能够改善公共管理结构，提高治理现代化水平，提升城市建设整体效果。加强电子政务的推广应用，可以提高透明度、责任制，以及政府和公民的互动程度。同时，政府必须进行自我调整，适应这样的现

---

① 陈群民：《打造有效政府——政府流程改进研究》，上海：上海财经大学出版社 2012 年版，第 125—126 页。

② ［德］克劳斯·施瓦布：《第四次工业革命转型的力量》，李菁译，北京：中信出版社 2016 年版，第 152—155 页。

实，即权力正从国家向非国家行为体转移，从现有的体制向松散的网络转移；新技术以及在新技术推动下产生的社会分组和互动允许任何人发挥数年前不可想象的影响力。[①] 政府信息化既不是简单的“自动化”，也不是简单的“政府上网”，而是实现政府功能的信息化。政府信息化的内在含义是政府如何利用网络实现电子化服务公众，如何建立透明廉洁高效的政府，只有对政府流程进行改进和优化，树立以公众为导向的服务理念，建立网络化集成化的组织结构，在科学化合理化一体化的流程基础上，应用信息技术，政府信息化才可能成功，才可能真正实现政府电子化服务。[②] 通过与信息手段相结合，结构化管理的政府职能有利于全方位审视各层级、各系统、各部门的职能配置和职责关系。职能结构化的管理是政府职能管理中的一项不可或缺的重要工作，是推进简政放权，优化政府职能，实现政府职能转变的基本前提和顶层设计的基础。推行政府职能结构化管理，利用信息化手段，构建政府职能结构化数据库，是简政放权工作的突破口。[③]

互联网在政府与公众之间搭建起了沟通与互动的平台，网络技术的应用使社会本位、服务导向的观念得到了深化与提升，并付诸社会治理实践之中，逐渐形成了一种以公众为中心、服务导向的社会治理方式。[④] 政务服务是一项系统性很强

---

① ［德］克劳斯·施瓦布：《第四次工业革命转型的力量》，李菁译，北京：中信出版社2016年版，第70页。

② 陈群民：《打造有效政府——政府流程改进研究》，上海：上海财经大学出版社2012年版，第125页。

③ 孟庆国：《简政放权背景下创新政府职能管理的方法路径》，《国家行政学院学报》2015年第4期。

④ 邵娜：《互联网时代政府模式变革的逻辑进路》，《海南大学学报（人文社会科学版）》2016年第1期。

的惠民工程，它也是国家治理现代化的一个重要组成部分。[①]传统电子政务轻服务和用户需求，信息孤岛效应突出，线上线下一体化服务质量不高，无法满足移动政务服务需求。[②]“互联网+政务”是指，政府面对“互联网+”时代经济社会基本状况所发生的深刻变化，在管理、服务和基本秩序管控等方面采取相应措施、做出相应调整、形成相应的制度机制和组织体系。[③]“互联网+电子政务”体现着时代创新精神，重构着政府服务模式，需要历经深刻而深远的思维变革，其中包括融合思维、服务思维、创新思维、开放思维、法治思维。搭建“互联网+电子政务”要以“互联网+”思维重构政务服务平台，优化政府服务品质，让云计算推动集约服务，以大数据提供优质服务，使移动互联网便捷服务。新时代的政务服务应秉承“互联网+”思维，不断改革创新，把握新机遇、应对新挑战、实现新跨越。[④]

我国政务服务线上化速度明显加快，网民线上办事使用率显著提升，大数据、人工智能技术与政务服务不断融合，服务走向智能化、精准化和科学化。微信城市服务、政务微信公众号、政务微博及政务头条号等政务新媒体及服务平台不断扩张服务范围，上线并完善包括交通违法、气象、人社、生活缴费等在内的多类生活服务，并向县域下沉。各级党政机关和群团组织等积极运用微博、微信、客户端等“两微一端”新媒体，

① 张劲松：《标准化：“互联网+政务服务”的顶层制度设计》，《中国行政管理》2016 年第 7 期。

② 王舵：《“互联网+政务”：电子政务发展新模式》，《人民论坛》2016 第 23 期。

③ 后向东：《“互联网+政务”：内涵、形势与任务》，《中国行政管理》2016 年第 6 期。

④ 翟云：《“互联网+政务”：现实挑战、思维变革及推进路径》，《行政管理改革》2016 年第 3 期。

发布政务信息、回应社会关切、推动协同治理，不断提升地方政府信息公开化水平。① 截至2018年6月，我国在线政务服务用户规模达到4.70亿，占总体网民的58.6%，有42.1%的网民通过城市服务平台获得政务服务。政府积极出台政策推动政务线上化发展，打通信息壁垒，构建全流程一体化在线服务平台，建设人民满意的服务型政府，各级政府网站集约化程度明显提升。②

我国十分重视电子政务的发展，将其作为转变政府职能、提升治理能力现代化水平的重要突破口。《2006—2020年国家信息化发展战略》中将“推行电子政务”作为重要内容，提出：“逐步建立以公民和企业为对象、以互联网为基础、中央与地方相配合、多种技术手段相结合的电子政务公共服务体系。重视推动电子政务公共服务延伸到街道、社区和乡村。逐步增加服务内容，扩大服务范围，提高服务质量，推动服务型政府建设。”围绕电子政务发展，国务院等国家机关出台了一系列的文件：2015年7月，国务院出台《关于积极推进“互联网+”行动的指导意见》；2016年12月，国务院办公厅发布《“互联网+政务服务”技术体系建设指南》；2017年12月，中央网信办、国家发展改革委会同有关部门联合印发《关于开展国家电子政务综合试点的通知》，确定在北京、上海、江苏、浙江、福建、广东、陕西、宁夏，开展为期二年的国家电子政务综合试点；2018年6月，国务院又出台了《进一步深化“互联网+政务服务”推进政务服务“一网、一门、一次”

① 第41次《中国互联网络发展状况统计报告》发布，参见 https://baijiahao.baidu.com/s?id=1591089578147256643&wfr=spider&for=pc.

② CNNIC发布第42次《中国互联网络发展状况统计报告》，参见 http://www.fromgeek.com/aisygc/189267.html.

改革实施方案》。这一系列紧锣密鼓的部署，为电子政务在我国的发展指明了方向、拓展了思路、落实了对策，凸显出国家建设现代化政府、打造现代化治理体系的决心和信心。

## 二、立足民生福祉的服务型政府

有学者考证，最早的“公共服务”概念是由法国公法学派代表人物莱昂·狄骥于 1912 年提出来的。[①] 20 世纪初，法国公法学家莱昂·狄骥提出，作为公法基础的公共权力观念应该被公共服务观念所替代，并在学术史上第一次系统阐释了公共服务的概念：“现代公法制度背后所隐含的原则，可以用这样一个命题来加以概括：即那些事实上掌握着权力的人，并不享有行使公共权力的某种主观权利；而恰恰相反，他们负有使用其手中的权力来组织公共服务，并保障和支配公共服务进行的义务。”[②] 狄骥对“公共服务”的定义是：任何因其与社会团结的实现促进不可分割，而必须由政府来加以规范和控制的活动，就是一项公共服务，只要他具有，除非通过政府干预，否则并不能得到保障的特征。[③] 1938 年，厄斯特·福斯多夫在《当成是服务主体的行政》一文中，提出了“服务行政”的概念。现如今，行政权的内涵已经从政治统治转变为了社会治理，“服务行政”已经成为现代国家和行政的标志，政府的职责包括行政管理和提供公共服务，且积极满足人民群众的公共服务需求成为政府职能的重点内容。20 世纪 80 年代以来，伴

---

① 李军鹏：《公共服务学》，北京：国家行政学院出版社 2007 年版，第 33 页。

② ［法］莱昂·狄骥：《公法的变迁》，郑戈、冷静译，沈阳：辽海出版社、春风文艺出版社 1999 年版，第 40 页。

③ ［法］莱昂·狄骥：《公法的变迁》，郑戈、冷静译，沈阳：辽海出版社、春风文艺出版社 1999 年版，第 53 页。

随着西方国家政府重塑运动的兴起和发展，强调政府服务理念的，以新公共管理为代表的现代公共行政理论与实践，成了政府改革的主导方式，在新公共管理理论基础上发展起来的新公共服务理论，更加强调了公共行政研究对公民权和公共服务的重视。

公共服务具有公共性和公益性，满足社会公共需要，由公民平等享受。总体来说，公共服务通常是指政府满足社会公共需要、提供公共产品服务行为的总称。政府公共服务分类很多，比较通俗的分类是将政府公共服务分为维护性公共服务、经济性公共服务和社会性公共服务。[①] 所谓维护性公共服务，也被称为基础性公共服务，是指那些通过国家权力介入或公共资源投入，为公民经济组织提供从事生产、生活、发展和娱乐等活动的服务，如提供水、电、气、交通与通信基础设施等。经济性公共服务是指通过国家权力介入或公共资源投入为公民和各种非政府组织从事经济活动所提供的各种服务，如科技推广、咨询服务以及政策性信贷等。社会性公共服务，则是指通过国家权力介入公共资源投入为满足公民社会发展活动直接需要而提供的服务，即包括教育、科学普及、医疗卫生、社会保障、环境保护、社会治安等领域。

正处于转型期的中国，在中国特色社会主义的建设过程中，也面临着转变政府职能，创新行政管理体制，提高国家治理能力的挑战。市场化进程对政府转型提出了客观要求，即从20世纪80年代后的“经济建设型政府”向现代的“服务型政

① 唐铁汉、李军鹏：《公共服务的理论演变与发展过程》，《新视野》2005年第6期。

府”转型，建设“服务型政府”已成为中国新一轮政府的基本目标。[①] 建设服务型政府的内在要求是法治、责任、廉洁、高效。服务型政府以公民为中心。民主、正义和效率是其运行的价值内涵，也是建立服务型政府的前提条件和思想基础。为公众提供公共服务，让公共服务得到公正的消费，是公共服务存在的基础与目的。我国服务型政府建设的实践是从地方政府开始的。2000 年，河南省焦作市委、市政府首先提出了“转变政府职能，构建三级服务型政府”的设想。2004 年 2 月，温家宝在中央党校省部级主要领导干部“树立和落实科学发展观”专题研讨班结业式上的讲话中，提出了“努力建设服务型政府的要求”。2010 年，湖南省政府出台了国内首部针对服务型政府建设的立法——《湖南省政府服务规定》。党的十六届六中全会首次在党的纲领性文件中明确提出：“建设服务型政府，强化社会管理和公共服务职能”。党的十八届三中全会通过的《中共中央关于全面深化改革若干重大问题的决定》强调：“科学的宏观调控，有效的政府治理，是发挥社会主义市场经济体制优势的内在要求。必须切实转变政府职能，深化行政体制改革，创新行政管理方式，增强政府公信力和执行力，建设法治政府和服务型政府”。“治国有常，而利民为本。”党的十八届五中全会提出要“着力践行以人民为中心的发展思想”，体现了我们党全心全意为人民服务的根本宗旨，体现了人民是推动发展的根本力量的唯物史观。共享理念实质就是坚持以人民为中心的发展思想，体现的是逐步实现共同富裕的要求。

伴随改革开放的进程，我国服务型政府建设不断深入推

---

① 陈振明等：《公共服务导论》，北京：北京大学出版社 2011 年版，第 22 页。

进。1978 年党的十二届三中全会提出“实行政企职责分开，正确发挥政府机构管理经济的职能”，在此基础上，党的十三大提出“使政府对企业由直接管理为主转变到间接管理为主”。党的十四大明确提出“建立社会主义市场经济体制的改革目标，与其相适应的政府职能转变加速推进”。党的十四届三中全会提出“转变政府职能，建立健全宏观经济调控体系”。党的十五大提出“建立办事高效、运转协调、行为规范的行政管理体系，提高为人民服务水平”。党的十六大提出“完善政府的经济调节、市场监管、社会管理和公共服务的职能”。党的十六届六中全会提出了“建设服务型政府，强化社会管理和公共服务职能”的任务，厘清了服务型政府建设的内涵、重点及基本内容。党的十七大提出“加快行政管理体制改革，建设服务型政府”，将服务型政府建设与行政体制改革有机结合起来，注重政府基本公共服务供给能力的提升。党的十八大提出“建设职能科学、结构优化、廉洁高效、人民满意的服务型政府”，进一步将服务型政府建设的内容具体化。党的十八届三中全会提出“使市场在资源配置中起决定性作用和更好发挥政府作用”。党的十九大提出，建设人民满意的服务型政府。在这个阶段，各级政府牢牢抓住简政放权这个“牛鼻子”，以全面深化“放管服”改革为引领，加强监管创新，优化政府服务，提高办事效率，加强各类公共服务供给。党的十八大以来，国务院部门行政审批事项削减了 44%，非行政许可审批彻底终结，进一步激发了市场活力和社会创造力，极大提高了服务型政府建设的实效。①

进入新时代，我国社会的主要矛盾已经变成了人民日益增

① 任勇：《服务型政府建设在改革开放中深入推进》，《人民日报》2018-09-09。

长的美好生活需要和不平衡不充分的发展之间的矛盾。人民对生活的要求更丰富、更多元、质量更高，不仅更加关注自身的权益和需求，也对政府提出了更高的要求，促使国家将职能的重心转向公共服务，将提供更好更快的公共服务，作为自己体制改革的目标。中国特色社会主义行政管理体制，是充满活力、富有效率、更加开放、科学发展的行政管理组织结构、运行机制、人员资源和法律制度的总和。转变政府职能是行政管理体制改革的核心，是建设服务型政府的基本要求。[①] 建设智慧城市，必须运用好信息化数字化智能化技术，选择和创新公共服务的提供机制和方式，推进对多样化公共服务的分类管理，构建高效、公平和权责对称的公共服务提供模式。电子政务与服务型政府建设具有相同的价值取向，都强调“以人为本”“为民服务”的理念，两者之间存在密切的联系，发展电子政务是服务型政府建设的内在要求和必然选择，电子政务对服务型政府建设的推动作用表现在：加强政务公开和信息资源的利用，促进阳光政府的建设；再造政务流程，拓宽服务渠道，促进公共服务体系的建设；优化组织结构、提高行政效率，促进效能政府的建设；加强民众的监督和参与，促进责任政府和法治政府的建设。[②]

我国的信息化建设一直秉承为民服务的中心思想，2016年中共中央办公厅、国务院办公厅印发的《国家信息化发展战略纲要》中明确指出：“我国已经进入新型工业化、信息化、城镇化、农业现代化同步发展的关键时期”，要“坚持以

① 高小平：《创新行政管理体制和机制建设服务型政府》，《中国行政管理》2008 年第 1 期。

② 郭俊华：《电子政务环境下的服务型政府建设》，《毛泽东邓小平理论研究》2010 年第12 期。

造福社会、造福人民为工作的出发点和落脚点”，“紧紧围绕人民期待和需求，以信息化促进基本公共服务均等化，让亿万人民在共享互联网发展成果上有更多获得感。”《国家新型城镇化规划（2014—2020年）》中明确加强服务型政府建设，要“根据经济社会发展状况和财力水平，逐步提高城镇居民基本公共服务水平，在学有所教、劳有所得、病有所医、老有所养、住有所居上持续取得新进展。”国家还将信息惠民工程与智慧城市建设结合起来，2014年国家发展改革委发布的《关于加快实施信息惠民工程有关工作的通知》中强调要“以信息化带动和促进民生领域跨越发展”，“提供广覆盖、多层次、差异化、高品质公共服务”，“以解决当前体制机制和传统环境下民生服务的突出难题为核心”，“创新服务模式，拓宽服务渠道，构建方便快捷、公平普惠、优质高效的公共服务信息体系，全面提升各级政府公共服务水平和社会管理能力。”2014年，国家发展改革委会同工业和信息化部等国家八部委印发的《关于促进智慧城市健康发展的指导意见》中明确指出：“智慧城市建设要突出为民、便民、惠民，推动创新城市管理和公共服务方式，向城市居民提供广覆盖、多层次、差异化、高质量的公共服务，避免重建设、轻实效，使公众分享智慧城市建设成果”。为了取得实效，发改委、中央网信办、国家标准委出台的“新型智慧城市评价指标”将“将城市居民感受、提高居民幸福感和获得感作为重要评价内容”，引导新型智慧城市的工作方向。

## 三、产出制度红利的法治政府

对待公共权力的态度就是正确处理权利与权力的关系，控制公权力，保障私权利，形成公权力与私权利的协调发展。行政权是公权力的典型体现。相对于私权利，公权力并不是自然生成的。正如卢梭在《社会契约论》中所言："社会秩序乃是为其他一切权利提供了基础的一项神圣权利。然而这项权利绝不是出于自然，而是建立在约定之上的。""行政权与国民的关系应当看成是一种客观的合理的法所调整的法律上的权利义务关系"。[①] 权利总是与利益相关联的，那也是权力的重要表征，如果说私权利代表的是个人，那么作为权利的派生物，源于公民共同授权的公权力代表的利益只能是公共利益，而不是私人利益，也不是部门利益。虽然对于公共利益概念没有一个统一的界定，但是从公共利益的来源——公共权力的本质中，可以对公共利益的内涵有以下几点把握：一是公共利益不是简单的个人利益的叠加；二是公共利益超越了个人利益，是能够让社会全体或大多数成员受益的利益；三是公共利益是政府工作的准则。

运用权力的目的是保障公民的权益。提供公共服务是行政权的最重要的内容，涉及公共权力的运用，关系着公民的个人权利，政府在运用公共权力的过程中，应当将公民的权利作为行使公共权力的本位。在社会契约论的基础上，公民权利是国家权力的源头，所有的公共权力都是通过人民授权而取得的，权力存在的正当性就是保障公民的权利，政府运用行政权力的目的是为人民服务，公共权力是公民权利的派生。权力的行使是有边界的，其边界就是权力不得侵犯公民的合法权利，公共机关必须依法行使公共权力，公共机关必须对保障公民权利负责，更需对侵犯公民权利的行为承担责任。公共服务是政府职能的重要组成部分，提供公共服务是政府行使行政权、进行柔性公共行政管理的一种方式。这一切的权力都是来源于人民的

---

① 杨海坤：《市场经济·民主政治和法治政府》，北京：中国人事出版社 1997 年版，第13 页。

"授权"，如果没有人民的"授权"，政府就没有公共权力，也无权行使行政权。

法治政府是相对于"专制政府"而言的有限政府，为了更好地维护与实现公民或社会的公共意志和公共利益的政府。① 法治政府既是一种状态也是一种行为模式。② 法治政府之法应该是"良法"之法，法治政府之治应该是"善治"之治，法治政府之政应该是"公正"之政。③ 法治政府是有限政府、责任政府、透明政府和效能政府。④ 结合"四个全面"战略布局，法治政府最基本特征是民主政府、有限政府、高效政府、责任政府和平权政府。⑤ 法治政府的四大特征为法律人之治的主体特征，权力合法性的权源特征，行为规则性的运行特征以及关系稳定性的结构特征。⑥

马克思主义历史学家汤普森称：法治是绝对的善、普遍的善，具有普遍意义的文化成就。⑦ 法治从形式到实质可以分为六个进阶，这六个阶段的关键词可以总结为："以法而治""形式合法性""民主+合法性""个人权利""尊严权/正义""社会福利"。前三个阶段属于形式法治，后三个阶段属于实质法治，从形式法治到实质法治，法治的构想从比较薄弱递进

① 黄爱宝：《法治政府构建与政府生态法治建设》，《探索》2008 年第 1 期。

② 王勇：《法治政府理念的标准探析》，《科学社会主义》2011 年第 5 期。

③ 刘祖云：《法治政府："德性"内涵的三重解析》，《江苏社会科学》2008 年第 4 期。

④ 课题组：《法治政府建设有关问题研究》，《中国行政管理》2012 年第 4 期。

⑤ 杨海坤：《"四个全面"战略布局下如何全面推进法治政府建设》，《法学评论》2015 年第 5 期。

⑥ 肖北庚：《论法治政府之外在规定性》，《河北法学》2007 年第 2 期。

⑦ ［美］布雷恩 · Z. 塔玛纳哈：《论法治——历史、政治和理论》，李桂林译，武汉：武汉大学出版社 2010 年版，第 173 页。

为比较浓厚。① 1959 年，在印度德里召开了“国际法学家会议”，会议通过的《德里宣言》将法治概括为三项原则：一是立法机关发挥创设和维护得以使每个人保持“人类尊严”的各种条件；二是既要制止行政权滥用，又要使政府能有效维护法律秩序，借以保证人们具有充分的社会和经济生活条件；三是实行司法独立和律师自由。这里的法治就是一种“能动概念”，其不仅限制公权力不得滥用，还给公权力机构设置了积极的义务：保持人类尊严的各种条件、保证人们具有充分的社会和经济生活条件。也就是说，法治要承担起满足人民经济政治文化等方面多样需求的责任。

胡洪彬将我国法治政府建设区分为四个阶段：理念萌芽期（1978—1988 年）、基本制度建构期（1989—2003 年）、法治运作期（2004—2011 年）和完善期（2012—至今），这种划分按照理念、制度、运作和完善叙事脉络勾画了我国法治政府建设图景。② 杨小军从微观视角审视我国法治政府的历史沿革，提出法治政府建设同人们对行政权认知密切勾连，从发展过程来看，经历了四个阶段，即依法办事、行政管理法治化、依法行政再到法治政府。③ 杨海坤从我国 1989 年《行政诉讼法》、1996 年《行政处罚法》、2003 年《行政许可法》、2004 年《全面推进依法行政实施纲要》、2007 年《物权法》、2011 年《行政强制法》、2015 年新《立法法》的颁布为主线为人们描绘了我国行政法建设的历程。④ 可见，认识和实践法治政府是

① ［美］布雷恩 · Z. 塔玛纳哈：《论法治——历史、政治和理论》，李桂林译，武汉：武汉大学出版社 2010 年版，第 117 页。

② 胡洪彬：《法治政府建设：理论依据与实践出路》，《求索》2015 年第 4 期。

③ 杨小军：《论法治政府新要求》，《行政法学研究》2014 年第 1 期。

④ 杨海坤：《走向法治政府：历史回顾、现实反思、未来展望》，《山东大学学报》2015 年第 5 期。

一个过程，与国家的整体制度发展、建设密不可分。建设法治政府是全面依法治国的重要组成部分，也是推进国家治理体系和治理能力现代化的强大动力。

1997 年，党的十五大提出依法治国，建设社会主义法治国家。2003 年《行政许可法》的颁布催生了法治政府研究的高潮。2004 年，国务院颁布《全面推进依法行政实施纲要》，提出“经过十年左右坚持不懈的努力，基本实现建设法治政府的目标”。党的十八大把法治政府基本建成确立为到 2020 年全面建成小康社会的重要目标之一。2014 年党的十八届四中全会通过《中共中央关于全面推进依法治国若干重大问题决定》明确将法治政府建设作为政府建设的重要方面，全会提出：“全面推进依法治国，总目标是建设中国特色社会主义法治体系，建设社会主义法治国家”，“在中国共产党领导下，坚持中国特色社会主义制度，贯彻中国特色社会主义法治理论，形成完备的法律规范体系、高效的法治实施体系、严密的法治监督体系、有力的法治保障体系，形成完善的党内法规体系，坚持依法治国、依法执政、依法行政共同推进，坚持法治国家、法治政府、法治社会一体建设，实现科学立法、严格执法、公正司法、全民守法，促进国家治理体系和治理能力现代化。实现这个总目标，必须坚持中国共产党的领导，坚持人民主体地位，坚持法律面前人人平等，坚持依法治国和以德治国相结合，坚持从中国实际出发。”2015 年，中共中央、国务院印发《法治政府建设实施纲要（2015—2020 年）》明确了“到 2020 年基本建成职能科学、权责法定、执法严明、公开公正、廉洁高效、守法诚信的法治政府”的目标，提出要“坚持依法治国、依法执政、依法行政共同推进，坚持法治国家、法治政府、法治社会一体建设，深入推进依法行政，加快建设法治政府”。党的十九大提出：“到 2035 年，法治国家、法治政府、法治社会基本建成”，要“健全依法决策机制，构建决策科学、执行坚决、监督有力的权力运行机制”，“应当在提高社会治理社会化、法治化、智能化、专业化水平的同时，引导群众在法治的框架内解决矛盾纠纷。通过完善行政调解、行政裁决、人民调解、行政复议等制度化解社会矛盾。”

法律不是或不仅仅是逻辑，因此逻辑的论证是不够的，更重要的是现实。[①] 马克思说过：“权利的产生和发展与人类的历史是紧密相关的，与社会格局须臾不可分。”[②]“权利永远不能超出社会的经济结构以及由经济结构所制约的社会文化发展。”[③] 权力（利）和职责（义务）是历史的、社会的，权利发生在人与人的关系之中，是一种社会建构，无时无刻不受到社会条件的制约。党的十八大以后，杨小军结合新的时代要求进一步提炼了法治政府特征：职权法定、监督法定、行为法定、程序法定、责任法定。[④] 姜明安还专门针对新时代我国法治政府的“特色”进行了研究，即坚持党的领导；坚持人民代表大会制度；坚持控制公权力，把权力关进制度的笼子里；坚持保障人权和促进公民积极履行义务，维护社会公共利益相结合、相平衡。[⑤]

中国特色社会主义法治政府制度体系总体上已经形成，行政程序建设加快，行政权力运行逐步规范，行政权力监督和行

---

① 苏力：《〈秋菊打官司〉案、邱氏鼠药案和言论自由》，《法学研究》1996年第3期。

② 《马克思恩格斯全集》（第1卷），北京：人民出版社1973年版，第18页。

③ 《马克思恩格斯选集》（第3卷），北京：人民出版社1972年版，第12页。

④ 杨小军：《论法治政府新要求》，《行政法学研究》2014年第1期。

⑤ 姜明安：《论新时代中国特色法治政府建设》，《北京大学学报》2018年第1期。

政问责力度明显加强，政府工作人员依法行政意识和能力不断提高。[①] 怎么样更好地建设法治政府是法治政府议题的重中之重，袁曙宏提出了四个方面对策：完善制度建设这个根本；加强行政执法这个重点；抓住责任追究这个着力点；强化法治意识这个基础。[②] 姜明安提出科学合理的管理机制，完善国家机构组织法对法治政府建设大有益处。[③] 罗豪才、周强提出法治政府建设中要更加重视软法的治理。[④] 马怀德提出简政放权转变职能科学化和行政权责与组织程序法定化等观点。[⑤] 法治政府建设是系统化的整体推进。法治政府建设不仅取决于路径的优化，而且还在于保障机制是否坚强有力。坚持党的领导是建设法治政府的根本保证。[⑥]

"互联网+"对法治政府建设具有重要的时代意义。"互联网+"背景下，法治政府建设更多地凸显诚信原则，组织结构上将迎来扁平化与多元化的格局，运行方式上法治政府更加开放、互动、一体化运转。[⑦] 智慧城市蜕变在信息化数字化变革的重要时刻，一切的变革都存在一定的风险，离不开法治的保驾护航。中共中央、国务院印发的《国家新型城镇化规划(2014—2020 年)》中将法治政府建设与城市治理结构完善相融合，指出："坚持依法治理，加强法治保障，运用法治思维和法治方式化解社会矛盾。坚持综合治理，强化道德约束，规

---

① 马凯：《关于建设中国特色社会主义法治政府的几个问题》，《国家行政学院学报》2011 年第 5 期。

② 袁曙宏：《大力推进法治政府建设》，《求是》2006 年第 18 期。

③ 姜明安：《法治政府建设的四个关键点》，《人民论坛》2018 年第 13 期。

④ 罗豪才、周强：《法治政府建设中的软法治理》，《江海学刊》2016 年第 1 期。

⑤ 马怀德：《法治政府建设重点在哪》，《学习时报》2015-11-19。

⑥ 袁曙宏：《建设法治政府》，《人民日报》2017-12-27。

⑦ 朱新力、吴欢：《互联网+时代法治政府建设畅想》，《国家行政学院学报》2016 年第2 期。

范社会行为，调节利益关系，协调社会关系，解决社会问题。”2016 年中共中央办公厅、国务院办公厅印发的《国家信息化发展战略纲要》中明确：“依法推进信息化、维护网络安全是全面依法治国的重要内容。要以网络空间法治化为重点，发挥立法的引领和推动作用，加强执法能力建设，提高全社会自觉守法意识，营造良好的信息化法治环境。”为了保障网络安全，维护网络空间主权和国家安全、社会公共利益，保护公民、法人和其他组织的合法权益，促进经济社会信息化健康发展，全国人民代表大会常务委员会于 2016 年底发布了《中华人民共和国网络安全法》，该法已于 2017 年 6 月 1 日起正式施行。保障智慧城市发展的法律制度体系已经全面展开，从法律法规到规范性文件，为智慧城市发展提供了制度保障。

## 四、协调各方资源的有效政府

合理界定政府职能是打造有效政府的关键。随着政府职能范围边界以及政府与市场、政府与社会关系的调整到位和明确清晰，政府行政有效性的问题就会上升为核心问题。① 有效政府虽然是以界定政府职能为基础，但是有效政府与有限政府不同，有限政府是强调政府不要“越位”，有效政府是在强调不要“越位”的同时，注重政府职能的有效发挥。盲目追求有限政府或“小政府”，将有效政府与有限政府混为一谈，最终只会造成政府行政的低效，从而损害政府合法性的基础，导致政府行政的危机。② 有限政府实质上就是改变过去什么都管的

---

① 姜杰、蒋文丽、梁贝贝：《行政定位的演变与“有效政府”》，《中国行政管理》2014 年第 11 期。

② 吴开松、张中祥：《有效政府的理论基础及其构建》，《中国行政管理》2001 年第 10 期。

全能政府，政府集中从事核心工作，集中弥补市场失灵和社会失灵，从事那些市场和社会都不能提供的服务，把市场和社会组织办不好、只能由政府管理的事情认真地管理起来，坚持“有所为，有所不为”，而对于可由市场、企业、社会承担的职能，将不再直接承担。[①] 有效政府首先应该是有限政府，有限政府是有效政府的前提。由于受到既定知识能力和技术条件（人员、组织、财力及其他诸如通信等技术条件）等因素的限制，政府能力是有限的。在某些领域，政府并不比市场、社会更有效，而且过度的政府干预反而会导致市场、社会的萎缩，甚至管理的无效。[②] 必须根据国家或者地区发展的阶段，合理确定“有限的政府职能”并发挥其作用。在既定的能力条件约束下，实现与市场或者社会力量的职能均衡。我们必须对政府能力进一步聚焦，突出政府核心职能，不仅要进一步增强经济调控和监管职能，而且要特别加强政府社会管理和公共服务职能，避免“政府缺位”，真正形成一个“有效”的有限政府。[③]

习近平总书记指出：“准确定位和把握使市场在资源配置中起决定性作用和更好发挥政府作用，必须正确认识市场作用和政府作用的关系。政府和市场的关系是我国经济体制改革的核心问题。党的十八届三中全会将市场在资源配置中起基础性作用修改为起决定性作用，虽然只有两字之差，但对市场作用是一个全新的定位，‘决定性作用’和‘基础性作用’这两个

① 陈群民：《打造有效政府——政府流程改进研究》，上海：上海财经大学出版社 2012 年版，第 73 页。

② 王丽华：《有效政府：当代行政改革的价值取向》，《北京行政学院学报》2005 年第 5 期。

③ 陈群民：《打造有效政府——政府流程改进研究》，上海：上海财经大学出版社 2012 年版，第 73 页。

定位是前后衔接、继承发展的。使市场在资源配置中起决定性作用和更好发挥政府作用，二者是有机统一的，不是相互否定的，不能把二者割裂开来、对立起来，既不能用市场在资源配置中的决定性作用取代甚至否定政府作用，也不能用更好发挥政府作用取代甚至否定使市场在资源配置中起决定性作用。”① 2013 年 11 月 12 日中国共产党第十八届中央委员会第三次全体会议通过《中共中央关于全面深化改革若干重大问题的决定》中明确了政府的职责和作用，即“主要是保持宏观经济稳定，加强和优化公共服务，保障公平竞争，加强市场监管，维护市场秩序，推动可持续发展，促进共同富裕，弥补市场失灵”。我国实行的是社会主义市场经济体制，我们仍然要坚持发挥我国社会主义制度的优越性、发挥党和政府的积极作用。市场在资源配置中起决定性作用，并不是起全部作用。习近平总书记进一步强调：“市场起决定性作用，是从总体上讲的，不能盲目绝对讲市场起决定性作用，而是既要使市场在配置资源中起决定性作用，又要更好发挥政府作用。有的领域如国防建设，就是政府起决定性作用。一些带有战略性的能源资源，政府要牢牢掌控，但可以通过市场机制去做”。②

政府职能的发挥是一项社会实践，要在实践中体现出效果，可以用有效性来进行评价。这里的有效性注重制度得以实施的效力，更看重制度运用执行的实效。有效政府是针对政府职能实践性提出的政府职能转变目标，强调政府出于维护社会公共利益，通过对职能内容和履行职能程序的调整，及时充分

① 习近平：《在十八届中央政治局第十五次集体学习时的讲话》（2014 年 5 月 26 日），《人民日报》2014-5-28。

② 习近平：《在中央财经领导小组第五次会议上的讲话》（2014 年 3 月 14 日）。

履行政府责任，使政府职能真正具有实质意义。简单而言，就是要让政府职能实现其应有价值。政府职能的有效性可以借助公共服务的“可及性”研究来加以理解。可及性是一种评价参考，其核心内容为服务消费者与服务系统之间的“适合度”，包括服务的可获得性、可接近性、可适合性和可接受性。[①] 可获得性指向服务预期，即服务受众按计划可以得到多少服务；可接近性指向服务实践，即服务受众实际得到多少服务；可适合性指向受众需求，即服务受众希望得到的服务；可接受性指向社会实效，即服务受众能够得到的有效服务。

有效性要保证行政活动有利于促进社会进步、提升社会文明的程度。有效政府是在充分考虑市场和社会的需求以及自身能力的基础上，才决定政府能够做什么，在应该发挥作用的领域找准政府的着力点，在不应该发挥作用的领域坚决退出，以有效地引导经济社会发展。[②] 要确保政府的有效性，既要政府“所做的事情是正确的”，而且政府要“有能力去做这些正确的事情”。如果政府没有能力去做那些正确的事情，或者说政府能力不够去做那些正确的事情，政府的有效性肯定同样会受到影响。[③] 有效政府作为一种价值取向是政府理念演进的必然结果。作为运行过程的有效政府这一含义包括三个方面：即明晰政府角色，增强政府能力，完善公共权力监督机制。这三个方面涵盖了有效政府运作过程的起点、过程和终点。[④] 有效政

① 王前、吴理财：《公共文化服务可及性评价研究：经验借鉴与框架建构》，《上海行政学院学报》2015 年第 3 期。

② 郭艳华：《有效政府：地方政府的角色定位》，《广东行政学院学报》2003 年第 4 期。

③ 陈群民：《打造有效政府——政府流程改进研究》，上海：上海财经大学出版社 2012 年版，第 78 页。

④ 吴开松：《论有效政府》，《江汉论坛》2002 年第 1 期。

府首先是指在技术上有效。其次，有效的政府应该具有很高的配置效率，以社会的需求为导向，有针对性地提供高质量的公共服务。第三，有效政府还应该有适当的制度激励基础，即具有制度效率。第四，有效的政府，是具有动态适应效率的政府，即具有动态效率。[①] 有效政府除了具备行政效率外，还应具备行政效能及行政行为的有效性。行政效能是指行政组织预期目标的实现程度，它表明政府实现目标的适应性和能力。[②]

能够充分履行社会所赋予的责任和职能并引导国家走向现代化的高效能的有效政府——而不是小政府——是经济和社会发展的关键。具体来说，再造行政文化是有效政府的前提，均衡政府功能是有效政府构建的基础，重构机构能力是有效政府建构的关键，推进行政法治是有效政府建构的核心。[③] 中国社会主义现代化进程要求有一个有效政府。有效政府的构建必须符合中国现阶段政治、经济、社会和文化的现状及其对政府的内在规定性。有效政府的构建应做到政府理念有效，重塑政府形象；政府制度有效，规范政府行为；政府治理有效，优化适应政府能力；政府过程有效，提升政府品质；政府结果有效，维护人民利益。[④] 破解全能主义政府，构建有限且有效政府的过程，是一个改革深化的过程，也是一个求真务实、不断落到实处的过程。必须找准并开动其驱动引擎，使之发挥应有的作用和效力。真正做到简政放权，实现政府职能的现代转型，在

---

① 毛寿龙：《有效政府的基本价值》，《天津行政学院学报》2003 年第 1 期。

② 王丽华：《有效政府：当代行政改革的价值取向》，《北京行政学院学报》2005 年 5 期。

③ 刘俊月、王力：《中国行政管理体制改革：从有限政府到有效政府》，《中南林业科技大学学报（社会科学版）》2010 年第 3 期。

④ 王臻荣、邹祥波：《试论我国现阶段有效政府的构建与路径选择》，《政治学研究》2005 年第 2 期。

中国特色社会主义制度框架内，推进国家治理体系和治理能力现代化。[①]

智慧城市建设面临诸多挑战和机遇，政府仅仅守住“不越界”是难以满足市民日益增长的多元化需求的。作为提升国家治理现代化水平的抓手，智慧城市建设注重发挥多元社会治理主体的力量。2013 年国务院发布的《国务院关于促进信息消费扩大内需的若干意见》中指出“加快智慧城市建设”，要“鼓励各类市场主体共同参与智慧城市建设。在国务院批准发行的地方政府债券额度内，由各省、自治区、直辖市人民政府统筹考虑安排部分资金用于智慧城市建设。鼓励符合条件的企业发行募集资金用于智慧城市建设的企业债”，“各试点城市要出台鼓励市场化投融资、信息系统服务外包、信息资源社会化开发利用等政策”。2014 国家发展改革委会同工业和信息化部等国家八部委印发的《关于促进智慧城市健康发展的指导意见》中明确指出：“发挥市场在资源配置中的决定性作用”，“鼓励建设和运营模式创新，注重激发市场活力，建立可持续发展机制。鼓励社会资本参与建设投资和运营，杜绝政府大包大揽和不必要的行政干预”，“城市人民政府要建立规范的投融资机制，通过特许经营、购买服务等多种形式，引导社会资金参与智慧城市建设，鼓励符合条件的企业发行企业债募集资金开展智慧城市建设”。智慧城市的发展鼓励发挥市场的作用，也督促政府实现公共服务的有效性。《关于促进智慧城市健康发展的指导意见》强调智慧城市的建设要“加强和完善政府引导，统筹物质、信息和智力资源”，“积极探索智慧城市的发展路径、管理方式、推进模式和保障机制”，“推

① 王国胜、宫奕璐：《有限且有效政府的关键要素和驱动引擎探论》，《河南师范大学学报（社会科学版）》2016 年第 1 期。

动政府行政效能和城市管理水平大幅提升”，“在保障和改善民生服务、创新社会管理、维护网络安全等方面取得显著成效”。政府、市场、社会各方城市治理主体的力量正在聚合，势必爆发出更强大的推动力。

## 五、发挥人民民主优势的责任政府

“人生而自由，却无往不在枷锁之中”，“即使是最强者也决不会强得永远做主人，除非他把自己的强力转化为权利，把服从转化为义务。”① 正如马克思所言：“没有无义务的权利，也没有无权利的义务。”权利和义务的关系就像是一枚硬币的正反面，权利和义务相互对应、相互依存、相互转化。法学家凯尔森指出：“义务概念通常是与权利概念相对称的。……如果权利是法律权利的话，它就必然是对某个别人行为、对别人在法律上负有义务的那种行为的权利。法律权利预定了某个别人的法律义务。另一方面，一个人对一定行为为界限的义务，始终是关于这个人对别人行为的义务。”② 职能有权力作为保障，而权力等同于责任，权力与职责的关系派生自权利与义务的关系。欧文·E. 休斯认为：“责任制最基本的含义是以其他人或团体名义行动的人要对其他人或团体汇报并对他们承担责任。换句话说，这是一种“委托人-代理人”的关系。在这种关系中，代理人代表委托人的利益执行任务并向委托人汇报他们的完成情况。”一般说来，在等级制关系中或在委托代理关系中必须建立一定类型的责任机制，以确保被授权人的行为最

---

① ［法］卢梭：《社会契约论》，何兆武译，北京：商务印书馆 2001 年版，第 12 页。

② ［奥］凯尔森：《法与国家的一般理论》，沈宗灵译，北京：中国大百科全书出版社 1996 年版，第 84—86 页。

终符合所有者的期望。“当某个人以公民的名义执行某些任务时，就产生了政治责任。将某种角色授权给某个公民的分工方式产生了不同于个人责任的政治责任的要求”。[①]

任何政府都需要建立一套责任机制。对任何主张民主的社会来讲，责任机制都是基本因素。要成为民主社会，就需要有一套适宜的责任机制。政府权力来源于公民“授权”，公民与政府的关系可以看成是一种“委托-代理”关系，公民同意推举某人以其名义进行治理，但是必须满足公民的利益并且为公民服务。政府和公民之间的关系形成了责任机制。责任机制是政府的行政部门与政治体系之间的重要联系，责任机制将政府的行政部分与政治部分结合在一起。“责任机制从根本上说是民主制度。说到底，政府的任何行动都被看作是公民自身通过他们的代表所进行的行动。”[②] 世界银行2004年发展报告《让服务惠及穷人》将责任视为公共服务提供的核心概念，认为责任是指参与方之间普遍存在的关系，责任关系本身涵盖了“授权、融资、执行、关于执行情况的信息、强制性”等内容。一是公民、国家（政府）与服务提供者之间的长线责任，二是公民与服务提供者之间的短线责任，他将决策和权力直接交给公民，既能反映其需求，又能发挥公众的监督作用。[③]

一般认为责任政府起源于近代民主政治发展的产物，旨在对政府权力形成约束。《布莱克法律词典》对责任政府的解释

① ［澳］欧文·E. 休斯：《公共管理导论》，北京：中国人民大学出版社2001年版，第265页。

② ［澳］欧文·E. 休斯：《公共管理导论》，北京：中国人民大学出版社2001年版，第264页。

③ 世界银行：《2004年世界发展报告：让服务惠及穷人》，北京：中国财政经济出版社2004年版，第47—49页。

是：“这个术语通常用来指这样的政府体制，在这种政府体制里，政府必须对其公共政策和国家行为负责。当社会对其投信任票或他们提出重要政策遭到失败，表明其大政方针不能令人满意时，他们必须辞职。”① 我国学者张成福认为：“责任行政或责任政府既是现代民主政治的一种基本理念，又是一种对政府公共行政进行民主控制的制度安排”。作为民主政治时代的一种基本价值理念，它要求政府必须回应社会和民众的基本要求并积极采取行动加以满足；必须积极地履行其社会义务和职责；必须承担道义上的、政治上的、法律上的责任；必须接受来自内部和外部的控制以保证责任的实现。作为一种制度安排，责任政府意味着保证政府责任实现的责任控制机制，这种控制机制既包括内部的，也包括外部的。② 李景鹏认为，责任政府的具体表现形式多种多样，取决于不同的历史、文化和政治实践，但是它们的共同特征是政府有强烈的责任心、政府责任明确、认真履行政府责任、严格的责任追究。这表明责任政府的关键就是责任心，只有当一个政府明确了自己在各项工作中的责任，在实践中认真地实现这些责任，并能建立起严格的责任追究制度的时候，这个政府才称得上是责任政府。③ 周庆行提出：“现代责任政府就是负有时代责任感、国家和民族责任感、群众和社会责任感的，能够科学行政、民主行政、依法行政，具有勤政廉洁、务实高效、公正透明、持续创新、服务全民和社会等特点的、勇于承担责任且职权有限的现代政

---

① Henry Cambell Black, Blacks Law Dictionary, St. Paul, Minn., West Publishing Co., 1990, p. 1180.

② 张成福：《责任政府论》，《中国人民大学学报》2000 年第 2 期。

③ 李景鹏：《政府的责任和责任政府》，《国家行政学院学报》2003 年第 5 期。

府。”① 蒋劲松认为，“行政意义上的责任政府有三个要点，第一个要点是行政机关内部决策权的配置，即实行首长负责制还是合议制；第二个要点是权责一致；第三个要点就是问责制”。②

关于“责任政府”建构的理论依据，学者们在探讨中也展现出不同的理论视角：第一，行政法的视角。责任行政是现代行政法的一项基本原则，这一原则实际上成为对行政法的合法性原则与合理性原则的必要补充。第二，公共行政的视角。责任行政是现代公共行政的基本原则与根本取向之一，政府与人民之间是一种委托与被委托的关系，政府必须对作为委托人的人民负责。第三，政治民主的视角。政府的责任取向也是政府的内在价值标准。第四，综合的视角。公共行政的民主取向、法治取向与社会伦理取向，决定了政府的三大责任，即政治责任、法律责任与道德责任。③ 广义的责任政府可界定为人民对公共权力的监督与控制，使公共权力的行使符合人民的意志与利益，直接或间接地对人民负责。责任政府的要义在于公共权力的行使者必须对公共权力的最终所有者负责。④ 民主问责，即是否按照民主的原则和精神行使权力，以便对人民负责；行使权力是否受到法治的制约，法外无特权，严格自觉遵守法律，法治更多是治官而不是治民。所以，以民主法治为核心的宪法制度意义上的“责任政府”高于以行政官员权责统

① 周庆行、王洪增：《论现代责任政府》，《南都学坛》2006 年第 1 期。

② 蒋劲松：《责任政府新论》，北京：社会科学文献出版社 2005 年版，第 36 页。

③ 刘祖云：《“责任政府”及其实现途径——当代中国公共行政责任理论研究反思》，《江苏社会科学》2005 年第 1 期。

④ 陈毅：《责任政府的建设——理性化构建与民主化善治》，北京：北京大学出版社 2012 年版，第 186 页。

一为核心内容的行政制度层次上的“责任政府”。[1]

任何政府都要承担一定的责任，但并非所有的政府都是责任政府。只有那些有能力承担社会经济生活所要求的基本责任并且有制度保证责任履行的政府才可以被称为责任政府。作为现代政治合法性的重要评判标准，责任政府包含了民主、法治等价值理念，民主为责任政府提供了制度理念和运行方式，法治为责任政府提供了制度规范与法律保障。集民主、法治于一身，成为责任政府赖以成立与维系的体系框架。事实上，公共服务中的责任问题极其复杂，涉及职业标准、公民偏好、道德问题、公法以及最终的公共利益等复杂的外部控制网络中的竞争性规范和责任的平衡。就政府而言，“其强调的是公共权力的责任，强调的是如何使政府及其机构和官员对其最终的所有者——公民更加负责”。[2] 责任政府理念要求政府必须承担政治责任、管理责任、法律责任、绩效责任、伦理责任和说明责任。同时，责任政府还包括对政府不负责任的各种行为进行制裁和控制的一整套机制。第一，责任政府是民主政府的基本施政原则和行为方式。国家行政机关在负责地行使权力、向国家立法机关和执政党负责的同时，要积极回应并满足公民的各种社会诉求、真正实现为人民服务的根本宗旨。第二，责任政府是对政府不负责任的各种行为进行制裁和控制的机制。责任是政府的义务或职责，政府必须对自身的行政行为负责，并因为各种不负责任的行为而接受相应的追究和制裁。[3]

---

① 陈毅：《责任政府的建设——理性化构建与民主化善治》，北京：北京大学出版社 2012 年版，第 229 页。

② Richard Mulgan, Comparing Accountability in the Public and Private Sectors, Australian Journal of Public Administration 2000. Vol. 59. No 1.

③ 李军鹏：《责任政府与政府问责制》，北京：人民出版社 2009 年版，第 12—13 页。

智慧城市建设是一个综合性的社会工程，政府作为市民的代表，是这项工程的总负责人，承担着不可替代的责任。政府不仅需要调动起、发挥好市场和社会的力量，激发个人的创新创业动力，还需要从自身抓起，运用好自己多样化的职能，发挥信息化数字化智能化新兴技术的积极作用，做好统筹工作的领头羊，承担起自己的职责。2014 年国家发展改革委发布的《关于加快实施信息惠民工程有关工作的通知》中强调，要“充分调动中央和地方两个层面的积极性，强化中央部门的业务指导和政策支持，形成跨部门联合推进机制，充分发挥地方政府的积极性和主动性，引导地方做好示范应用，推动信息资源跨层级、跨部门的共享，切实发挥信息共享在促进多部门合力解决社会难题的关键作用和综合效能，形成上下互动、协同推进的工作格局。”2016 年中共中央办公厅、国务院办公厅印发的《国家信息化发展战略纲要》中再次强调，要“持续深化电子政务应用，着力解决信息碎片化、应用条块化、服务割裂化等问题，以信息化推进国家治理体系和治理能力现代化。”2018 年国务院发布的《进一步深化“互联网+政务服务”推进政务服务“一网、一门、一次”改革实施方案》将政务服务的奋斗目标界定为“深化‘放管服’改革，进一步推进‘互联网+政务服务’，加快构建全国一体化网上政务服务体系，推进跨层级、跨地域、跨系统、跨部门、跨业务的协同管理和服务，推动企业和群众办事线上‘一网通办’（一网），线下‘只进一扇门’（一门），现场办理“最多跑一次”（一次），让企业和群众到政府办事像‘网购’一样方便。”智慧城市是落实国家新型城镇化发展战略，促进城市发展方式转型升级的系统工程。督促政府承担起、发挥好自己的职责，不仅要有奋斗目标的指引，也要有明确、硬性的责任约束。2014 年国家发展改革委会同工业和信息化部等国家八部委印发的

《关于促进智慧城市健康发展的指导意见》中就明确规定："强化安全责任和安全意识。建立网络安全责任制，明确城市人民政府及有关部门负责人、要害信息系统运营单位负责人的网络信息安全责任，建立责任追究机制。"硬约束与软约束相结合，政府不仅找准了自己的位置，更是主动拥抱了变革，以落实责任政府建设切实回应了人民的期待。

# 第六部分

## 智慧城市建设中政府责任体系的运行保障

责任是一个实践性极强的概念。制度依靠人的实践，责任分析通常以行为人为中心，反映着人与人之间的关系。政府推动智慧城市建设是对公权力的运用，以社会公益为目的，具有不可放弃性，必须对需要公权力予以保障的公民权利负责。智慧城市建设责任体系必须厘清政府、市场、社会各主体的权力（权利）与责任（义务），并将责任、义务充分落实，通过权力（权利）与责任（义务）关系调整各主体行为，规范智慧城市建设活动。与此同时，理性规范背后蕴含的制度价值、文明追求，弥补了法律规范的“理性不足”，通过统筹城市治理主体之间的利益，实现着人与城市共同发展的理想目标。数据驱动的智慧城市建设以人为本，必须关注市民生产生活方式的转变，完善体制机制，把政府责任制度建设扩展到智慧城市规划设计的方方面面，通过责任制度以及相关制度的完善，推动城镇化、信息化、治理现代化的同步发展。

## 一、坚守智慧城市建设的价值观

### （一）智慧城市发展中的利益冲突及冲突的价值

城市系统中的每个要素都时刻发生着变化，进而以不同的方式影响着人与人之间的关系。城市发展进程就是由各种各样的合作统一体构成，每一个合作统一体内部都包含着冲突的因素，各个合作统一体之间也在发生着冲突。社会在发展，新的矛盾不断出现，新的规范不断生成，新的状态不断调适。城市和谐是动态的，是“趋同”与“趋异”交织并存的，城市的各个要素在相互联系、相互依存、相互影响，又相互否定的过程中实现合作与联盟。马克思、恩格斯把一切冲突归因于生产力和交往形式之间的矛盾，认为“社会的物质生产力发展到一定阶段，便同它们一直在其中运动的现存生产关系或财产关系发生矛盾。”[①] 利益是人类行为的基本动力。我国处于经济社会转型期，经济结构日益复杂，利益主体也呈现出多元化的特点。多元化的利益主体有着不同的利益诉求。人民的需求并不局限于物质生活，安全、政治参与、权益保障等需求随着公民意识的觉醒同时出现。智慧城市建设需要统筹经济建设、政治建设、文化建设、社会建设以及生态文明建设，需要推动新型工业化、城镇化、信息化、治理水平现代化的同步发展，需要在关心个人物质需求的同时，注重如何实现个人的社会价值、满足人的多种社会需求。

高度互联并不会必然导致社会的容忍度提高或适应性增强。创新与颠覆对城市发展水平和市民福祉的外部影响既有正外部性，也有负外部性，即既有促进，亦有困阻。智慧城市是一座开放的城市，一座开放的城市不可能存在于一个封闭的环境里。城市通过吸引具有不同文化背景的人，得到了发展。[②] 在一个由市场主导、兼具政府干预的城市体系，一定在统一、效率、平衡之间存在某种冲突。[③] 互联网时代给个人和城市发展都带来了巨大挑战，科技的飞跃影响内在的自我。丰富的信息转化为有联系的数据，数据让社会服务更加便利高效，也让人们生活得越来越透明，人们在日常使用的设备上常常牺牲隐私以换取便利。互联网促进民主、自由与便利，也分散了决策者的注意力、模糊了行为主体的责任、强化了负面人物事件的破坏力。丰富的信息导致持续不断的压力，亟须处理的要务层

---

① 《马克思恩格斯选集》（第 2 卷），北京：人民出版社 1972 年版，第 82—83 页。

② ［美］爱德华·格莱泽：《城市的胜利》，刘润泉译，上海：上海社会科学院出版社 2012 年版，第 232 页。

③ 陆铭：《大国大城：当代中国的统一、发展与平衡》，上海：上海人民出版社 2016 年版，第 78 页。

出不穷，城市治理主体不得不面对多期叠加带来的复合冲突。这里既包括传统社会的冲突，比如人与生态、公平与效率、公共资源在不同群体之间的分配冲突，也包括第四次工业革命带来的新型冲突，比如人与机器、“数字鸿沟”带来的信息运用能力差异，传统业态与新型业态、数据使用与隐私保障、信息技术发展与网络安全之间的冲突，等等。

冲突和合作都具有社会功能，虽然某些冲突会破坏团结，导致社会结构的解体，但是冲突的社会功能绝不仅为反功能。相反，冲突具有重要的社会正功能，比如：促进群聚合，群体内部整合功能，激发新规范和制度的功能。这些功能对于社会稳定、结构平衡具有极其重要的意义。作为社会关系研究领域的一种范式——社会冲突理论，把冲突作为研究的中心范畴。他们把社会冲突看作是分析社会变迁的主要论据，认为冲突是“社会的生命之所在”。韦伯坚持认为：“冲突不可能被排除在社会生活之外，‘和平’无非是冲突形式、对立或冲突对象的变化或最终是选择机遇的变化。”① 科塞在著作《社会冲突的功能》中把冲突界定为：“价值观、信仰以及对于稀缺的地位、权利和资源的分配上的争斗。”冲突是一种社会化的形式，是社会系统中的正常现象。冲突与和谐都是正常的，恰如一枚硬币的两面。一个社会需要合作，也需要在矛盾中看到社会的变化，保持社会关系的活力，促进各主体间的交流与合作。从社会冲突理论的角度看，智慧城市发展存在多样的冲突是必然的，是常态的，若能正确看待、协调各式冲突，将会有助于智慧城市发展目标的实现。

冲突可分为共有冲突和非共有冲突，即涉及表面分歧的冲

---

① ［美］L. 科塞：《社会冲突的功能》，孙立平等译，北京：华夏出版社 1989 年版，第7 页。

突和针对社会基本价值的冲突。共有冲突，即对维持社会结构生存的基本原则不持异议的冲突，是具有整合性的。类似的社会冲突，在不同的社会环境中，发挥的功能不同，可能具有积极的贡献，也可能导致社会结构的变迁。造成这种差异的因素也是多重的，包括冲突的目的、现有社会结构是否具有弹性等。一定条件下，社会冲突具有社会正功能，那社会冲突具备社会正功能的条件又是什么呢？美国社会学家科塞的分析总结是："如果冲突所针对的目标、价值或利益与关于关系的基本假设并不抵触，那么这种冲突对社会结构往往发挥积极的功能。……如果内部冲突过程中斗争的双方不再分享那些社会系统的合法性所赖之为基础的基本价值，这种冲突就会毁灭社会的结构。……防止冲突瓦解双方公认的关系基础的防护器就在于社会结构自身之中：它是由冲突的制度化和承受力提供的。……在松散结构的团体和开放的社会里，冲突的目标在于消解对抗者之间的紧张，它可以具有稳定和整合的功能。……通过对冲突的宽容和制度化，这些社会系统为自己找到了一个重要的稳定机制。"① 可见，在富有弹性的开放性社会中，冲突各方建立起对社会基本价值的共识，就能够阻止沿一条轴心发生的根本性分裂。

实现智慧城市制度体系的目标，必须科学认识冲突，掌握冲突的特性，努力让冲突在制度实践中发挥积极的功能。从一定意义上说，没有冲突，就缺少了交流，更谈不上协作。冲突塑造了新型社会关系，新型社会关系推进了制度的改良和完善。各个利益主体在运用规则解决冲突的过程中，将更加感受到制度的重要。政府承担起建设智慧城市的责任，必须让制度

① ［美］L. 科塞：《社会冲突的功能》，孙立平等译，北京：华夏出版社1989年版，第135—137页。

从规范走向现实，就是要为冲突发挥正功能创造出良好的外部环境，发挥制度的功能和效用。政府可以从提高正外部性和减少负外部性两个方面，运用多种社会调节方式推动智慧城市的发展。城市治理更多的是一种常态化管理，并不是在冲突发生时才体现出解决矛盾的能力。协调智慧城市建设中的各种关系，更多的是要在日常管理工作中有效化解冲突、避免冲突。如果能够及时进行疏导，找到社会认可的、可控的渠道去发泄，就能够释放出敌意。我国智慧城市制度体系正在逐步形成，法律、政策、纪律、道德等协调社会矛盾的方式也都在实践中被广泛运用。当前，我们并不缺乏排解冲突的渠道。如果一个城市可以通过基本价值观的建立，发挥利益冲突的正外部性，减少利益冲突的负外部性，一定会引导城市进一步向更大规模城市发展，也可以使这个城市更加有效地运转。

### （二）坚持党的领导

技术是中立的，但是以技术为中心的制度设计不是一个中立活动。很多改革成功与否，或是否受欢迎，都取决于是否有一套价值体系，以支撑改革行动。改革所处的环境对了解改革的理念非常重要，而且关系到改革的成败。[①] 德国法学家卡尔·施密特认为，特定的思维模式与特定的政治处境相关联，换言之，法学思维模式的问题，不只是一个法学观的问题，他还是一个政治观和世界观的问题。[②] 对某些基本权利从法律上作出的保障，只是宪政对个人自由所提供的一部分保障措施……一如我们所见，他们所能防阻的只是那些草率的且不明

① ［美］B·盖伊·彼得斯：《政府未来的治理模式》，吴爱明、夏宏图译，北京：中国人民大学出版社2014年版，第117页。

② ［德］卡尔·施密特：《论法学思维的三种模式》，苏慧婕译，北京：中国法制出版社2012年版，封四。

智的即时性立法行动，然却无力妨阻最高立法者经由审慎思考而对权利进行的侵犯。能够抵抗这一现象的唯一保障，就是公共舆论明确意识到这类危险的存在，并对之保有高度的警醒，这类法律上的保护性规定之所以重要，主要是它们能使公众牢牢记住这些个人权利的价值，而且能够使这些权利成为民众即使未充分理解其意义，亦会起而捍卫的政治纲领的一部分。[①]

习近平总书记多次强调：对马克思主义的信仰，对社会主义和共产主义的信念，是共产党人的政治灵魂，是共产党人经受住任何考验的精神支柱。这种理想信念是一种精神力量，但不能仅仅停留在精神层面，必须转化为实践推动社会的发展。理想信念是制度建设的灯塔和引线，任何一项制度的建立与执行都应当围绕如何促进这一根本目标的实现。实现这一理想，必须对人的内在本性和外部环境进行调节，这离不开内外两个方面的共同作用：一方面是个人的自主意识、自发的自我主张，一方面是基于合作的，有组织、有秩序的行为活动。行为活动所营造的客观环境能够决定其成员的自我意识，自我意识又反过来通过行为活动对客观环境产生影响。在制度化的过程中，经常会遇到多种文明和文化的碰撞与交流，面对不同的价值观，我们应当坚持“和而不同”“多元并存”，更应当“箴砭洗炼”“明变守常”。党的建设和国家治理必须守住党的根本，坚定理想信念，在决策中慎重思考，在选择时认真辨析，在实践中坚定不移。

中国共产党是中国特色社会主义事业的领导核心，领导一切。从本质上看，政党治理与国家治理具有同构性，党的执政能力建设与国家治理能力建设是一体化的。党的领导奠定了社

---

① 邓正来编：《西方法律哲学文选》，北京：法律出版社2008 年版，第56—57 页。

会的共同理想、目标和价值观，决定了整个社会的凝聚力。党在坚持政治、经济、社会发展制度上的立场是明确的、一以贯之的，并且随着社会发展不断深化。智慧城市的有效治理离不开中国共产党的领导。面对数字化、信息化、智能化的城市发展历程，各级领导干部应主动适应信息化要求，锻炼对互联网规律的把握能力。我们党在不断完善领导方式和执政方式，利用互联网思维推进政府决策科学化、社会治理精准化、公共服务高效化，保证党领导人民有效治理国家。习近平总书记在 2018 年 4 月 21 日举行的全国网络安全信息化工作会议上强调："要加强党中央对网信工作的集中统一领导，确保网信事业始终沿着正确方向前进。……各级领导干部特别是高级干部要主动适应信息化要求、强化互联网思维，不断提高对互联网规律的把握能力、对网络舆论的引导能力、对信息化发展的驾驭能力、对网络安全的保障能力。"

在解释规则的过程中，理想的成分具有很重要的意义，关系到规则的目的和意义是什么，这往往是具有决定性意义的，具有最强大、深远的支配力。这种支配力是通过各种因素来保持的，是通过制度对每个成员所施加的激励来保持的。施加这种激励是为了使成员尽自己的本分来维护党的建设，并阻止他从事妨碍党的事业发展的行为，即不符合党的宗旨、理念和利益的行为。实现激励的手段是信仰、理念、章程、法律、道德等。法律是实现社会控制的主要手段，但是在党的建设中，我们基于法治的同时，还要着力依靠党的章程和具体制度，通过有秩序地、系统地适用激励，来调整关系和安排行为。社会压力通常是一种有效的激励，能够促使具有相同经济背景或价值观念的人形成较为一致的决定，但其需要配备几个方面的保障，这主要包括强制性力量、坚强的领导、持续的政策。虽然人们不喜欢被强制，但是没有强制力的措施难以得到重视。领导的模范带头作用能够展示制度的权威。稳定的政策能够增强人们行动的信心。

中国共产党领导是中国特色社会主义最本质特征。党的领导始终是社会创新的根本。党的领导是发展思想、路线和方针上的领导，是整个智慧城市制度的“顶层设计”，更是制度实施的“中流砥柱”，按照“立党为公、执政为民”的宗旨，从价值高度形成明确的战略目标。在一个多期叠加、利益多元的发展阶段，建立起获得共识的基本价值观，是党的领导的艺术，是党的领导能力的体现。中国的智慧城市建设必须立足中国实际，抓住自身发展的最本质特征，为智慧城市建设注入中国特色和中国智慧，创造出经得起考验的中国经验。

### （三）践行社会主义核心价值观

尼古拉·马基雅维利在其名著《君主论》中写道：没有什么比创造新规则更加艰难、遥远、凶险的。无论何时，反对派一旦有机会，就会毫无保留地攻击创新者，而其他人则谨慎地防御着，创新者腹背受敌。治理模式的构建与创新不仅需要智力，还需要勇气，而更加需要的是对于美好生活的信仰。“发展是第一要务”，城市发展是不可逆转的大势，城市发展为的是人的发展，围绕人的需求。信息技术革命引领了创新涌现的社会环境与生态，对社会的生产方式、生活方式、交换方式、公共服务、政府决策、市政管理、社会民生等方面产生了巨大而深远的影响。传统的社会形式正在经历“量子变革”。智慧城市的治理模式要灵活运用新兴科学技术，更要在制度设计上充分体现思维的“智慧+”，强强联合，齐抓共管，围绕民生，化解冲突，实现绿色可持续发展。实现这一目标，必须最大限度地凝聚力量、达成共识，构建牢固的基本价值体系，激发人们的创造活力。社会主义核心价值观就是当前中国社会建立起的，能够引发各群体共鸣的基本价值观，是协调城市发展过程中的各式冲突，促进智慧城市和谐发展的基础。政府及各城市治理主体在制度实践中应当有意识地用社会主义核心价值体系引领社会思潮，将社会主义核心价值体系融入人们的行为规范，通过社会生活加以广泛、重复使用，进而转化为人民的自觉追求。

社会主义核心价值观是实践的产物，反映了大众的心理需求，得到了社会公众的认可，体现了中国人的个性，是一种直接的、公开的表达方式。社会主义核心价值观是生活的升华性表达，融入了哲学思想、道德理念、民族文化、主流文化，是社会主义先进文化对大众文化的引导，能够真实、全面地反映社会现状。党的十八大以来，以习近平同志为核心的党中央高度重视培育和践行社会主义核心价值观。习近平曾这样总结24字的社会主义核心价值观：富强、民主、文明、和谐是国家层面的价值要求，自由、平等、公正、法治是社会层面的价值要求，爱国、敬业、诚信、友善是公民层面的价值要求。习近平强调："核心价值观是文化软实力的灵魂、文化软实力建设的重点。这是决定文化性质和方向的最深层次要素。一个国家的文化软实力，从根本上说，取决于其核心价值观的生命力、凝聚力、感召力。培育和弘扬核心价值观，有效整合社会意识，是社会系统得以正常运转、社会秩序得以有效维护的重要途径，也是国家治理体系和治理能力的重要方面。历史和现实都表明，构建具有强大感召力的核心价值观，关系社会和谐稳定，关系国家长治久安。""要切实把社会主义核心价值观贯穿于社会生活方方面面。要通过教育引导、舆论宣传、文化熏陶、实践养成、制度保障等，使社会主义核心价值观内化为人们的精神追求，外化为人们的自觉行动。""要发挥政策导向作用，使经济、政治、文化、社会等方方面面政策都有利于社会主义核心价值观的培育。要用法律来推动核心价值观建设。各种社会管理要承担起倡导社会主义核心价值观的责任，注重在日常管理中体现价值导向，使符合核心价值观的行为得到鼓励、违背核心价值观的行为受到制约。”①

发挥社会主义核心价值观在制度实践中的作用，还应当注重吸收传统文化的精髓，实现优秀传统文化向社会主义先进文化的转化。中国文化意义的伦理学主要关注人与人的社会关系构成的社会秩序。这种秩序基于人性的本质，在人与社会的共同历史中实现统一。习近平总书记在纪念马克思诞辰200周年大会上的讲话中指出：“我们要立足中国，面向现代化、面向世界、面向未来，巩固马克思主义在意识形态领域的指导地位，发展社会主义先进文化，加强社会主义精神文明建设，把社会主义核心价值观融入社会发展各方面，推动中华优秀传统文化创造性转化、创新性发展，不断提高人民思想觉悟、道德水平、文明素养，不断铸就中华文化新辉煌。”

日本哲学家永田广志曾形象地指出：“传统这个东西，我们想把它原封不动的保存下来，这是不可能的，永远做不到。另一方面，我们想把它彻底地砍断，这也是不可能的，它总是千丝万缕的跟现在牵连在一起。”对于历史传统，我国哲学家荀子提出应当：“循其旧法，择其善者而明用之。”就是说对于历史传统，不仅要择善，而且还要加以发明，所谓发明，现在来讲就是创造、创新，要能够符合这个时代的需要。这一点是中国古代的改革家们常常强调的。② 智慧城市制度的实现必须抓住事物的本质需要，发挥社会主义核心价值观的作用，响

---

① 2014年2月24日，习近平在主持中共中央政治局第十三次集体学习时发表讲话。

② 楼宇烈：《中国的品格》，成都：四川人民出版社2014年版，第96页。

应习近平总书记的号召："要认真汲取中华优秀传统文化的思想精华和道德精髓，大力弘扬以爱国主义为核心的民族精神和以改革创新为核心的时代精神，深入挖掘和阐发中华优秀传统文化讲仁爱、重民本、守诚信、崇正义、尚和合、求大同的时代价值，使中华优秀传统文化成为涵养社会主义核心价值观的重要源泉。"①

## 二、筑牢智慧城市建设的法治基石

### （一）加快智慧城市法律体系的构建

制度能够使权威性的决策服从全局而不是狭隘利益。② 制度是维系人类社会有序发展的根本保障。我们通常所说的权利配置是指制度化的权利配置。法治是人类文明的产物，是制度的基石。法律作为社会关系的调整器，构成了现代社会制度体系的基本框架。习近平总书记在党的十九大报告中强调："全面依法治国是国家治理的一场深刻革命，必须坚持厉行法治，推进科学立法、严格执法、公正司法、全民守法。"要"坚持党的领导、人民当家作主、依法治国有机统一。党的领导是人民当家作主和依法治国的根本保证，人民当家作主是社会主义民主政治的本质特征，依法治国是党领导人民治理国家的基本方式，三者统一于我国社会主义民主政治伟大实践。"法律的首要功能就是确定社会成员中的关系，以表明社会允许什么行为、禁止什么行为。建立法律体系，最重要的是通过外在的规范体系明确权利的边界以定纷止争。如果立法能够完全清晰地

---

① 2014 年 2 月 24 日，习近平在主持中共中央政治局第十三次集体学习时发表讲话。

② ［美］曼瑟·奥尔森：《权力与繁荣》，苏长和、嵇飞译，上海：上海世纪出版集团 2014 年版，序 1。

分配权利，则权利冲突将不复存在。具体到政府引导、统筹智慧城市建设的制度体系，就是要着重考虑三个方面：一是解决各方城市治理主体权利（权力）的法律确认问题，通过立法，完善其内容，明确其范围、种类和责任；二是各权利（权力）对相关权利、相关法益的交互关系；三是权利的实现是否存在替代机会的可能性。

我国非常重视网络与信息化发展，集合精锐力量，在基础技术、通用技术、非对称技术、前沿技术以及颠覆性技术上作出了一系列的战略性部署和制度安排。各领域工作迅速铺开。2012 年，住房和城乡建设部开展智慧城市试点，颁布《国家智慧城市试点暂行管理办法》《国家智慧城市（区、镇）试点指标体系（试行）》；2014 年，中共中央、国务院印发《国家新型城镇化规划（2014—2020 年）》有专门一节阐述“推进智慧城市建设”；2014 年，国家发展改革委会同工业和信息化部等国家八部委印发《关于促进智慧城市健康发展的指导意见》；2016 年，国家发展改革委、中央网信办、国家标准委发布《新型智慧城市评价指标（2016 年）》规范新型智慧城市的评估工作。与智慧城市密切相连的信息化建设、“互联网+电子政务”、网络安全等方面的制度迅速建立起来。国务院出台《关于推进物联网有序健康发展的指导意见》，国家发展改革委印发《关于加快实施信息惠民工程有关工作的通知》。2014 年，党中央成立中央网络安全和信息化领导小组①，由习近平总书记担任组长，网络与信息化工作上升到了新的高度。国务院又相继出台了《关于促进大数据发展的行动纲要》《中国制造 2025》《新一代人工智能发展规划的通知》《进一步深

① 2018 年 3 月，根据中共中央印发的《深化党和国家机构改革方案》，将中央网络安全和信息化领导小组改为中国共产党中央网络安全和信息化委员会。

化“互联网+政务服务”推进政务服务“一网、一门、一次”改革实施方案》等重要的规范性文件，大力推动数字化信息化技术的应用和发展。为保障网络安全，维护网络空间主权和国家安全、社会公共利益，保护公民、法人和其他组织的合法权益，促进经济社会信息化健康发展，全国人民代表大会常务委员会于2016年底发布了《中华人民共和国网络安全法》，该法于2017年6月1日起正式施行。

2016年，中共中央办公厅、国务院办公厅印发的《国家信息化发展战略纲要》中指出：“依法推进信息化、维护网络安全是全面依法治国的重要内容。要以网络空间法治化为重点，发挥立法的引领和推动作用，加强执法能力建设，提高全社会自觉守法意识，营造良好的信息化法治环境。”要“实施‘科技强检’”“建设‘智慧法院’”“完善信息化法律框架。加快建立以促进信息化发展和强化网络安全管理为目标，涵盖网络基础设施、网络服务提供者、网络用户、网络信息等对象的法律、行政法规框架。”“坚持急用先行，加快出台急需法律法规和规范性文件。加快制定网络安全法、电信法、电子商务法，研究制定密码法。加强网络用户权利保护，研究制定个人信息保护法、未成年人网络保护条例。规范网络信息服务与管理，修订互联网信息服务管理办法。研究制定电子文件管理条例。完善司法解释，推动现有法律延伸适用到网络空间。”《国家信息化发展战略纲要》还鼓励各主体要：“积极参与国际网络空间安全规则制定。”国务院印发的《新一代人工智能发展规划》也指出要：“初步建立人工智能法律法规、伦理规范和政策体系，形成人工智能安全评估和管控能力。”

综上可见，对于新时期的新变革我国政府能够积极应对，并且主动采取构建制度体系的做法，将法治建设作为整个制度的根本。在智慧城市初具规模的制度体系的推动下，我国智慧城市建设取得了积极进展，但也暴露出顶层设计和统筹规划不足的问题。智慧城市的直接立法还太少，基本依靠规范性文件，效力等级较低，内容也是较为笼统，多数内容只能作为方向性的指导，具体的法律责任、权利救济亦不配套，无法形成通过强制性“奖惩”来维护制度权威的作用。其他相关立法，如信息惠民、电子政务、大数据运用、网络安全等也只有在网络安全方面有效力等级高的“法律”（《中华人民共和国网络安全法》）来做保障。整体的法律制度状况仍然只是“小荷才露尖尖角”，不足以应对快速发展的智慧城市建设。政府作为智慧城市建设的引导、统筹者，应当对实践经验及时进行总结，细化制度体系内容，为制度的履行打通顺畅的通道。

同时应当注意，法律不是或不仅仅是逻辑，更重要的是现实。马克思说过：“权利的产生和发展与人类的历史是紧密相关的，与社会格局须臾不可分。”权利是历史的、社会的，权利发生在人与人的关系之中，是一种社会建构，无时无刻不受到社会条件的制约。智慧城市建设各方主体权利的界定、确认与实现，取决于当前我国社会发展的现实条件。我国当前的最大的现实，总的来说，是正处于社会主义初级发展阶段，具体而言，就是经济水平不高，生产力不够发达。正如《国家信息化发展战略纲要》中指出的：“我国信息化是在工业化尚未完成、城镇化快速发展的背景下推进的，面临人口多且流动性强、资源相对短缺、城乡发展不平衡、基本公共服务供给不足等客观矛盾。”当前，我国的社会公共服务还不够健全，虽然新兴技术的介入提高了政府的城市治理能力，但是面对发展的实际问题，政府最需要从基本公共服务入手，逐步扩大公共服务的受益范围，实现公共服务均等化。在此基础上，再进一步提升公共服务的层次，发展多样化的公共服务。政府在规划智慧城市建设的过程中应当关注智慧城市建设的共性，也应关注现实环境的个性，注意本土特色。城市建设的最终问题还是要立足在各个城市实践生存演变的具体社会条件之上，这包括历史背景，文化传统乃至市民心理等。正如苏力教授所言：“（中国学者）真正的贡献只能产生于一种对中国的昔日和现实的真切的和真诚的关怀和信任；相信并假定：过去的和今天的任何人（包括西方学者）都大致和我们一样，具有理性，他们的选择也同样具有语境化的合理性。”①

## （二）多种调节方式促进法治正义

人的需求是动态的，城市治理同样是动态的，具有历史性的。城市治理是分阶段推进的，不同的阶段，不同的形势，治理的侧重点和方式方法都有区别。面对丰富多变的社会现实，法治是制度的基石，但是，法学思维中牵涉到的秩序，不是抽象的空泛的秩序，而是必定连接到特定的国家与人民的秩序，具体秩序论思维中所称的秩序，在法学意义上绝非指单一法规或许多法规，法规只是秩序的成分与手段之一，单单规范或法规均无法创造出秩序。② 单一的调节方式很难面面俱到，城市治理的调节方式是灵活多样的，既包括正式的制度，比如法律、政策，也包括非正式的制度，比如道德、思想教育。城市治理是具体的实践过程，受到人力、物力及其他社会资源的限制，只能在实践中不断调整。在这个动态的过程中，政府必须探索如何将法律、道德、政策、思想教育等社会调节方式融会贯通，因势利导，对症下药，实现“硬性”与“柔性”治理的有效结合。

① 苏力：《法治及其本土资源》，北京：中国政法大学出版社 1996 年版，自序。

② ［德］卡尔·施密特：《论法学思维的三种模式》，苏慧婕译，北京：中国法制出版社 2012 年版，第 18 页。

《国家信息化发展战略纲要》中明确指出："综合利用法律、行政、经济和行业自律等手段，规范网络信息传播秩序。"《关于加快实施信息惠民工程有关工作的通知》中指出信息惠民工程实施贯彻"政府引导，市场主导"原则，"充分发挥政府推进信息惠民工程的导向性作用和市场配置资源的基础性作用，政府部门着重提供基础性、公益性的服务内容，引导社会力量开展专业化、多元化、个性化的服务，鼓励和支持各类市场主体共同培育信息惠民可持续发展模式，形成优势互补、多元参与、开放竞争的发展格局。"智慧城市建设必须从实践中来，到实践中去，灵活运用，统筹资源，协同创新。

我们必须认识到，制度不可能涵盖全部的生活，这也就是哈耶克所洞见的"理性不及"。由于制度的滞后性和语言表达的有限性，法律规定不可能做到面面俱到，泾渭分明。期待法律对权利边界做出一劳永逸的划定，显然是不切实际的奢望。作为公权力的主要代表，政府是一个天然的利益协调部门。公共权力的行使可以适当自由裁量，但必须合法合理高效，法律的规定不可能细致入微，但是裁量权也是有限的。立法对权利限制，不能由立法者妄为，限制者亦须受限制，法律体系内在的价值位阶通过公共利益、国家保留、比例原则等通道导入到立法手段之中。自由裁量权必须在法律规定范围内，符合法律的原则和精神，以法律为依据严格执行法定权限、法定程序，把握客观、适度的准则，越权和违法的行政行为无效，体现公平正义的要求。做到在执法过程中实现法律与理性的统一。具体要求必须达到：合乎目的（必须符合法律的目的和宗旨），动机正确（执法行为必须有合理的动机），考虑正当（执法机关应全面考虑行为所涉及或影响到的各种相关因素），以及合理公正（执法行为的内容与结果必须公正合理，一是平等一致，二是比例相称，三是制度救济）。[①]

在这个资源“适度匮乏”的人类生存环境里，“正义是社会制度的首要价值，其目标是确定能够使每个社会成员都为社会幸福作出贡献的安排”。[②] 正如庞德所言：“我们都有大量的愿望和要求需要满足。每个人的愿望不断地与邻人相冲突或者相重叠。因此，不妨说这是一个任务艰巨的社会工程，它的任务是创制维持生存的物资和满足人们愿望和要求的手段——人们共同生活在被政治所组织的社会里，即使物资、手段无法满足人们的全部主张，至少也应当尽可能人人有份。这就是为什么说法律的目的在于正义。我们不是说正义是一种个人美德，也不是说正义就是人们之间的理想关系。我们是说一种政体，一种关系的调整和行为的规制：使维持生存的物资成为满足人类享有物资和采取行动的手段，在最小摩擦与最少浪费的情况下尽可能人人有份。”[③] 正义以公共利益为依归，它寓于某种“平等”观念之中。[④] 前者在任何地方都具有同等效力，而不取决于人们是否接受它；后者则因时因地而异，是可以通过人为的努力而加以改变的。[⑤] 实现智慧城市制度体系的正义，政府承担着最大的责任。政府需要确保公共利益居于支配地位，还要确保公共问题的解决方案本身及其产生的过程都符合正

---

① 苏晓宏：《法理学原理》，北京：法律出版社 2013 年版，第 188 页。

② ［美］罗尔斯：《正义论》，何怀宏等译，北京：中国社会科学出版社 1988 年版，第 3 页。

③ Roscoe Pound, Social Control Through Law, Yale University Press, pp. 64-65.

④ ［古希腊］亚里士多德：《政治学》，吴寿彭译，北京：商务印书馆 1983 年版，第 148 页。

⑤ 付子堂：《法理学初阶》（第二版），北京：法律出版社 2006 年版，第 23 页。

义、公正和公平的民主规范。[①]

实现智慧城市建设制度体系的正义，关键就是要厘清城市治理关系中各个法律主体的权利和义务，建立起明确主体权利义务、使行为外部性内部化的制度安排。首先，要实现立法的完整性。近年来，虽然有关智慧城市的规定、意见陆续出台，但是实践中，智慧城市建设只是刚刚起步，相关规范性文件仍具临时性和不完整的特点，智慧城市建设过程中经常面临的法治现实是“无法可依”“有法不明”。健全智慧城市建设制度体系，履行智慧城市建设职责，必须深化该制度的顶层设计，围绕制度价值，明确制度内涵，强化主要原则，细分权利义务，完善权利救济。其次，增强具体规定的可操作性。及时清理、修改和完善现行的规范，使之更加合理。这其中最为重要的是构建完整的制度体系，让智慧城市建设的制度体系能够运行，并通过责任关系落实下去。再次，落实现有权利。法律的生命力在于实施，阻碍法定权利的实现，就是最大的不公平。公共行政机构应当为社会力量参与智慧城市建设提供一个良好的平台，不能自己搭台自己唱戏。各级政府应当加快改革的步伐，积极转变政府职能，贯彻现代治理精神，真正实现政府、社会、市场的良性互动。

### (三) 运用私法形式贯彻公法目的

全球化、技术创新和通信技术的发展给政府带来巨大的压力，接踵而来的便是本国公民向其政府提出更高的要求，公民对政府与日俱增的期望常常引起公民对政府的不满和对政府信

① [美] 珍妮特 · V · 登哈特、罗伯特 · B · 登哈特：《新公共服务：服务，而不是掌舵》，丁煌译，北京：中国人民大学出版社 2010 年版，第 60 页。

任的流失，这增加了改革的压力。[①] 智慧城市的变革所引发的政府变革已不是仅局限于政府部门和政府系统内机构的调整与增减，也不是局限于从政府行政的角度来设计行政改革，而是站在社会的角度，从整个公共部门系统设计和实施的公共行政改革，是一场范围更为广泛、程度更为深刻、意义更为重大的公共行政改革。20 世纪 80 年代开始，管理主义与公共选择理论、交易成本经济学、“委托-代理”理论结合发展，民主理念、公民精神冲击着传统的行政模式，行政权不再强调“威权”“命令”与“强制”，一些非强制的行政方式如行政指导、行政合同等应运而生，柔和、多样、富于弹性的行政方式逐渐成为现代公共行政的主流方式。公共权力机关也从政治统治工具走向了为民谋利的公共服务机构。日本行政法学者盐野宏对此现象描述到：“行政并不仅是行政行为和行政强制执行，而是使用各种各样的手段来实现其目的……行政，除从前范围内的公法上的方法以外，也使用所谓私法上的手段进行活动。”[②]

公法与私法的划分是政治国家与市民社会分离的产物。公法和私法本质的区别就是二者功能不同。公法的本质在于控制权力，而私法的本质在于保障权利。人类对权力的控制是一个历史过程，而法律作为社会公共意志的代表，则是权力控制的不二选择。[③] 公权力与私权利的关系是一种反比例的关系，要实现相互之间的和谐，就需要使政府权力与责任分配达到均衡。公法的原理和精神是规范公权力，私法的原理和精神是保

① ［美］丹尼斯·A·荣迪内力：《为人民服务的政府：民主治理中的公共行政角色的转变》，《经济社会体制比较》2008 年第 2 期。

② ［日］盐野宏：《行政法》，杨建顺译，北京：法律出版社 1999 年版，第 36—37 页。

③ 王继军：《公法与私法的现代诠释》，北京：法律出版社 2008 年版，第 39—41 页。

障私权利，但是两者实质上的立足点都是保障人民的权利。美国学者 Steven Cohen 将依据“功能”方法进行的有关公部门与私部门功能的研究统称为“功能匹配”理论。其内容为：“假定不存在垄断，根据特性，某些功能由私人部门履行最为高效，其他一些由非营利组织履行，一些由政府履行。”[①] 政府在行政管理工作中应采取市场取向的思维，应引进市场机制，改善公共服务，政府的管理政策应以市场为依托，组织市场，规范市场，通过市场的力量推进变革。满足公共需要的政策和方案可以通过集体努力和协作过程得以最有效并且最负责任的实现。公民和公共雇员的公共服务动机同样可以得到承认、支持和报偿。通过人民来工作，通过中介服务来解决公共问题。[②]

合同，作为本质上体现商品交易要求的法权形式，作为体现市民社会及民法本质的社会存在和法律制度，随着社会的发展，已经成为任何当事人之间相互接受承诺的法律形式。尤其是随着政府职能的扩大和社会角色的分化，它已超出私法的范畴和领域，扩展到法的各个部门和法学各领域，以至相邻学科。[③] 美浓部达吉就强调过：“契约绝不限于私法领域，公法领域也存在合意的可能。”可以说，合同并不只是出现在民事关系领域里，它已经成为现代政府用来进行个别性调整的法律

---

① Steven Cohen, “A Strategic Framework for Devolving Responsibility and Functions from Government to the Private Sector”, Public Administration Review, 2001, (4), P. 434.

② ［美］珍妮特·V·登哈特、罗伯特·B·登哈特：《新公共服务：服务，而不是掌舵》，丁煌译，北京：中国人民大学出版社 2010 年版，译者前言第 3—8 页。

③ 史际春、邓峰：《合同的异化与异化的合同——关于经济合同重新定位问题》，《法学研究》1997 年第 3 期。

制度之一。[①] 政府和市场主体、社会组织能够在一定的市场机制基础上建立契约式关系。在契约关系中，政府和市场主体、社会组织的权利义务相互交织，各自拥有意思自治权，在决策、运作、承担责任等方面都是保持各自独立性的。与一般的民事契约存在着一定的区别，因为其实现的是公共利益，包含了很多公共政策因素和公法义务。政府若要顺利地实现公共利益，必须将公法责任在契约中明确体现。因为，私人主体既可以削弱责任性，也可以形成责任性。在谋求私人参与实现责任性的机制中，可强制执行的法律契约成为一种至关重要的工具。[②] 为了实现复杂服务中的公法责任目标，政府开始尝试将原适用于政府的公法规范扩展适用于私人主体，这种适用导致了“公共化”。“公共化”一词，由美国学者 Jerry Frug 最先提出，他将“公共化”定义为：政府动用财政资金向私人主体购买原由政府亲自提供的服务，而私人主体也藉此投入传统的公共目标之中。[③] 当具体的合同条款与法律规定的对公共权力机关的授权相冲突时，公共权力机关将不能使用这一合同。[④] 这种被加入公共政策目标和公法义务的政府合同，叫作黏附合同。对于黏附合同，承接主体只能是要么接受要么拒绝。

党的十八大强调：“要加强和创新社会管理，改进政府提供公共服务方式。”2013 年国务院印发的《关于政府向社会力量购买服务的指导意见》中明确提出：“政府向社会力量购买服务的内容为适合采取市场化方式提供、社会力量能够承担的

---

① 王克稳：《政府合同研究》，苏州：苏州大学出版社 2007 年版，第 30 页。

② ［美］朱迪·弗里曼：《合作治理与新行政法》，毕洪海、陈标冲译，北京：商务印书馆 2010 年版，第 389 页。

③ Jerry Frug，New Forms of Governance. “Ceding Public Power to Private Actors”，UCLA L. Rev.，2002，(49).

④ ［英］彼得·莱兰、戈登·安东尼：《英国行政法教科书》（第五版），杨伟东译，北京：北京大学出版社 2007 年版，第 554—555 页。

公共服务，突出公共性和公益性。教育、就业、社保、医疗卫生、住房保障、文化体育及残疾人服务等基本公共服务领域，要逐步加大政府向社会力量购买服务的力度。非基本公共服务领域，要更多更好地发挥社会力量的作用，凡适合社会力量承担的，都可以通过委托、承包、采购等方式交给社会力量承担。”《关于促进智慧城市健康发展的指导意见》中指出：“城市人民政府要建立规范的投融资机制，通过特许经营、购买服务等多种形式，引导社会资金参与智慧城市建设”。实现智慧城市行政管理目标，维护公共利益，能够在贯彻公法目标的过程中采取私法手段。在智慧城市的基础设施建设、新兴技术研发等领域，市场主体是重要力量，他们拥有良好的科技基础以实现技术的开发和运用，并且影响着整个技术领域的标准设定，同时，在与政府的交流合作中，能够为公共行政注入更多的新理念、新方法、新活力，促进政府治理水平的提升。

政府对职能的履行虽然能够借助私法的方式，但是，政府必须牢牢把握制度体系的价值目标。与签订民事合同不同，为了保障更高层次的利益，体现更广泛的公平，代表公共利益的一方——政府，在行政合同中必须享有一定的特权。我们把这种特权称作行政优益权，具体体现为行政主体对合同履行的监督权、指挥权、单方变更权和解除权。行政主体享有行政优益权，是民事合同与行政合同的一个重要区别。但是，行政优益权不是没有边界的，公共权力主体在行使行政优益权的时候，必须注意对行政优益权的使用是否合法、适度。《政府采购法》第五十条规定：“政府采购合同的双方当事人不得擅自变更、中止或者终止合同。政府采购合同继续履行将损害国家利益和社会公共利益的，双方当事人应当变更、中止或者终止合同。有过错的一方应当承担赔偿责任，双方都有过错的，各自承担相应的责任。”可见，合同一旦订立，当事人必须依法严肃履行，不得擅自变更、中止或者终止合同。行政主体行使行政优益权的前提是，合同订立后出现了损害国家利益和社会公共利益的情况。具体而言，在情势变更情况下单方解除合同，应当具备以下条件：第一，法律法规明文规定；第二，国家有关政策修改；第三，确因公共事务或公共利益的需要；第四，当事人确有严重过错；第五，程序要合法。[①] 同时，如果出于公共利益的需要或法律政策的重大调整，必须对合同进行变更或解除时，由此造成相对人合法权益损害的，行政主体要予以补偿。

## 三、协同智慧城市建设的中坚力量

### （一）协调智慧城市建设中的各种利益

“人们奋斗所争取的一切，都同他们的利益有关。”[②] 恩格斯曾指出：“每一个社会活动，包括经济活动、政治活动和思想活动，首先都是作为利益表现出来的。因为，‘思想’一旦离开‘利益’，就一定会使自己出丑。”[③] 社会资源，包括代表利益的权利，都是有限的，每个人都有权享受社会资源，但每个人不可能得到无限的资源，所以，有限的资源需要在有需求的人们之间进行分配。权利是“法律允许的自由，是法律所承认和保障的利益。”[④] 权利是交叉重叠的，经常会出现在一种相互性的境地，简言之就是发生冲突的权利相互交织，难以

① 罗豪才：《中国司法审查制度》，北京：北京大学出版社 1993 年版，第 263 页。

② 《马克思恩格斯全集》（第 1 卷），北京：人民出版社 1973 年版，第 82 页。

③ 《马克思恩格斯全集》（第 2 卷），北京：人民出版社 1965 年版，第 103 页。

④ 张文显：《法理学》，北京：高等教育出版社 2002 年版，第 85 页。

全部实现，只能实现一个或者各自实现一部分。法律应当按照一种能避免较为严重损害的方式来配置权利，考虑不同权利背后的利益，进行取舍，实现动态的利益平衡。

美国经济学家罗纳德·科斯在《社会成本问题》一文中提到了“问题的相互性质”。科斯认为，如果私人各方可以无成本地就资源配置进行协商，那么，私人市场就总能解决外部性问题，并有效地配置资源。也就是说，无论最初的权利配置如何，如果私人各方可以无成本地进行协商，就可以使各方争取资源的结果效率最大化。但是，这里有个前提，就是没有交易成本。而现实中，成本无处不在，交易成本为零是不存在的。当私人协商无效或者协商成本高时，就需要外在的力量来促进权利资源的配置，需要通过法律等制度体系，按照一种避免较多损害的方式，实现权利（权力）配置的产出最大化。承认、届分和保障利益的价值判断，乃是法律哲学的一个终极问题，但是就这个论题的理论及其细节而言，人们之间始终且极有可能会永远存有深刻的意见分歧。就与众多哲学进路以及与当下心理学相符合这一点而言，我们现在必须做的工作就是协调、调整、调试，且尽最大可能整合彼此冲突或相互重叠的人之预期或期望。①

智慧城市是一项庞大复杂的社会工程，这绝非是某一个利益相关群体或行业靠一己之力就能完成的工作。这些利益相关群体属于一个分散的权力系统，需要在相互交往中加强协作，方能取得成功。而协作的前提，就是能够实现各自的目标、平衡相关的利益需求。智慧城市的建设涉及城市规划、基础设施建设、城市管理、生态宜居，最重要的是教育

---

① 邓正来编：《西方法律哲学文选》，北京：法律出版社 2008 年版，第 348 页。

文化、医疗卫生、计划生育、劳动就业、社会保障、住房保障、环境保护、交通出行、防灾减灾、检验检测等公共服务。在技术创新和运用方面，市场主体发挥着重要的作用，一些大型技术型公司甚至主导了核心技术的研发、标准和成果转化。工业化与信息化深度融合，信息服务业加快发展，数字化城市管理信息系统、城市地理空间信息及建（构）筑物数据库等资源广泛应用，城市规划和城市基础设施管理不断朝着数字化、精准化迈进，融合、安全、泛在的信息化建设刻不容缓。在这场变革之中，政府、市场、社会主体拥有不同的利益追求，政府是公共利益的代表，市场主体要追逐利润和商业价值，社会主体注重自身社会信念的实现，促进政府、市场、社会主体充分发挥各自的作用，必须通过利益的协调，发挥出他们各自的能动性。

协调城市治理各主体之间的利益应当做到：首先，在市场化的背景下，发挥市场主体的主动性，借助市场机制完成利益分配。当事人的意思自治应当被优先考虑，当事人之间能够协商解决的，只要不违背法律规定、公序良俗，就应当尊重当事人的意思表示。其次，当事人协商未果，或协商难以达成一致的，应当及时通过外在的制度力量（优先是法律），来对权利配置进行调解。政府要担负起公共责任，充分进行利益衡量，采取合法有效的“市场干预”。再次，利益衡量的妥当性不能取代行为的合法性，政府与其他治理主体合作涉及公共利益，必须遵守公法规则，当事人的协商不能超越法律的授权，具体工作人员不能以个人意志代替公共价值。正如弗雷德里克森所言：“当无论公民的自我利益还是公务员的自我利益侵蚀了公共利益的时候，通过政府来寻求自我利益的做法必定受到抵制。公共行政官员不仅要促进对自我利益的追求，而且还要不断地努力与民选的代表和公民一起去发现和明确地表达一种大众的利益或共同的利益并且要促使政府去追求那种利益。”[①]

在当今的社会中，人们所强调的美是一种合作的理想，而非一种竞争性的自我主张的理想，与自由竞争观念相比较，合作观念更接近于当今都市生活的现状。从各个方面承认合作，并重新强调合作，实是在实现某种既包含有组织的人之努力，又包括自由自发创建的理想的过程中迈出一大步。[②] 实际上，大部分行政过程的观念，无论是以公共利益理论、公民共和主义还是多元主义为基础，在实证与规范方面关注的主要都是作为决策者的行政机关。[③] 公共部门代表公共利益，公共利益是多元的，甚至是相互交错相互制约的。面对多元的利益，公共部门有义务进行平衡。智慧城市建设是由许多问题交织在一起的，各项制度之间存在协调、衔接的问题，只有政府有能力、有责任将整个利益体系进行整合，维护城市发展的平衡，保障市民的利益。《关于促进智慧城市健康发展的指导意见》强调："加强和完善政府引导，统筹物质、信息和智力资源，推动新一代信息技术创新应用。"政府是否能够统筹资源、平衡利益，是影响智慧城市创新活力、建设效率、制度实效的关键。

### （二）统筹城市治理主体的力量

马克斯·韦伯认为，与官僚制相比，民主行政的定义为：一是每个人都有资格参与公共事务处理的平等至上主义的假设；二是所有重要的决定都留给所有社群成员以及他们所选择

---

① ［美］珍妮特·V·登哈特、罗伯特·B·登哈特：《新公共服务：服务，而不是掌舵》，丁煌译，北京：中国人民大学出版社2010年版，第59页。

② 邓正来编：《西方法律哲学文选》，北京：法律出版社2008年版，第353—354页。

③ 吉姆·罗西：《参与横行：群众参与对审议机关决定的成本》，《西北大学法律评论》1997年总第92卷，第173页。

的代表考虑；三是把命令权限制在必要的最小的范围；四是把行政机关的地位从主子的行政机关变成公仆的行政机关。[①] 传统的公共行政和行政法是建立在公私分立、公私对立的理念基础之上的。政府所代表和追求的是公共利益，行政相对人追求的则只是私人利益。随着传统公共行政模式的改变，传统的权力也从服从模式的行政管理逐步演变为“协商-合作”模式的公共治理，“公”“私”不分，公中有私，私中有公，形成了以实现治理目标为导向的同时规范公权力和私权利模式的新行政法。[②] 在合作制度下，规定责任性的机制与利益代表的视角有所不同。这是因为行政机关的任务是由具体的背景与非政府主体的能力决定的。通过互动与体验，预想的当事人角色也会随之发生改变。行政机关连同其他参与者可以确立新的权力与责任性路线。它们可以重新配置既有的关系，邀请当事人定期会面、讨论与修正条例或共同形成信息，从而增强相互的往来。合作会鼓励发展新的机构关系、联系与网络，有助于解决管制问题，而且亦有助于改善关系，促进参与。[③]

政治、经济、文化等多方面的变革给社会治理带来了巨大压力，网络线上和线下的结合增加了治理的复杂性，治理变革必须符合社会的需求，否则难以实现发展目标。治理模式的变革必须与社会结构的变革相互配合，警惕轻率的改革，也要允许出现失败和失误。智慧城市的建设需要吸引更多的力量参与进来。将不同的观点加以协调一致，实现统筹治理。智慧城市

---

① ［美］文森特·奥斯特罗姆：《美国公共行政的思想危机》，毛寿龙译，上海：上海三联书店 1999 年版，第 87 页。

② ［美］朱迪·弗里曼：《合作治理与新行政法》，毕洪海、陈标冲译，北京：商务印书馆 2010 年版，代序。

③ ［美］朱迪·弗里曼：《合作治理与新行政法》，毕洪海、陈标冲译，北京：商务印书馆 2010 年版，第 45 页。

的建设是一个“智慧+”联盟、需要加强战略、技术、标准、市场等沟通协作，协同创新攻关。在这方面，既要发挥政府作用，也要发挥市场、社会主体的作用，也可以几个方面联手努力。在全球信息领域，创新链、产业链、价值链整合能力越来越成为决定成败的关键。政府的职能和职责决定了其能够成为制度的制定者、资源的统筹者、标准的设定者、独立的审计者，同时，私人主体、社会组织正深深介入到管制、提供服务、政策设计与实施当中。私人对管制的贡献从“纯粹”咨询性的作用直至全面承担决策权力。① 政府缺乏关于行业实践的重要信息，市场、社会主体参与治理非常重要，这不仅限于规则与条例的实施，大量的非政府主体，包括公司、公共利益组织、私人标准设定组织、行业协会与非营利组织都会以各种方式参与“公共”决策；非政府组织、非营利组织会发布安全与产品方面的标准，包括信息通信标准、移动终端操作系统等；私人设定标准在许多行业都发挥着重大的作用，包括数据与语音的交流、软件以及消费电子产业等。这些决策、规则与标准能产生巨大的经济与社会影响，影响我们所购买之产品的安全、工作职场面临的风险以及技术应用的性质和自然环境的质量。政府必须采取灵活、助成的方式，整合资源、控制风险，做好城市建设的规划者、管理者、执行者、监督者。

在我国，政府与社会、市场的关系并不清晰，政府对公共职能的承担存在“过多”与“过少”的问题。“过多”是指政府仍占有过多的对企业微观决策进行干预和对稀缺资源进行配置的权力，对社会自治替代管理的权力。“过少”是指政府未能有效提供公民急需的公共服务。若要改变这种局面，政府

---

① 道格拉斯·C. 迈克尔：《联邦行政机关以受监督的自我管制作为管制技术》，《行政法评论》1995 年总第 47 卷，第 171 页。

必须加快行政体制改革，明确与社会、市场的分工，在保障公共利益的同时，关注并满足多元化的合法、合理的社会利益，真正建立起全体人民共建、共享的社会，打破部门利益、集团利益，积极创造社会组织发展的条件，主动搭建公民表达诉求的平台，加快实现“社会共同治理”。党的十八届三中全会《中共中央关于全面深化改革若干重大问题的决定》中强调要：“改进社会治理方式。坚持系统治理，加强党委领导，发挥政府主导作用，鼓励和支持社会各方面参与，实现政府治理和社会自我调节、居民自治良性互动。”可见，社会治理理念已经融入到了我们党的执政理念。为了更好地建设服务型政府，政府应该鼓励市场、社会和公民参与公共服务的生产与供给，同时提高政府服务的效率和质量，建设高效的服务型政府。市场失灵难以避免，社会组织有其不足之处，政府自身有时也会出现失灵的情况，所以，政府应与市场、社会、企业和公众等主体之间协同合作，建立有效的合作机制以及可控的绩效管理体制，从而充分发挥各方优势，规避其缺陷，整合各方面的智慧和力量，实现公共利益的最大化。

第四次工业革命的独特之处在于，它是由科技、经济、文化各个领域的力量共同推动形成的。非政府组织、个人在许多行业都发挥着重大的作用，包括数据与语音的交流技术、终端操作系统、通信行业标准等，影响着我们的工作与生活。智慧治理是一个分散与集合相伴的系统，需要在交相互动中加强协作，才能释放出更大的能量。伴随着互联互通程度的提高，各行业有能力实现合作，也必须实现合作。政府的公共职能、公众的个人信息、经济的流通渠道都汇集在数字化平台上，政府需要与商界、公众和社会力量开展合作，以保证规则的公平正义、安全和可靠。社会不同主体之间协同能力越强，就越能发挥科技创新的潜力，推动智慧城市的进步。智慧城市多元治理主体之间的合作以平等关系为基础，通过法律制度实现约束，同时必须遵循一定的准则。一是以问题为导向，深入了解治理对象，快速适应变化的社会环境，共享信息，鼓励创造性的解决方案。二是将合作分布在整个阶段，不能大而化之，既要有效解决问题，又能体现民主价值，通过民主交流构建信任，促进思想创新，提高工作效率。三是多元主体共同影响决策，相互尊重，彼此负责，既要控制新兴技术的风险，又不阻碍创新经济的增长，平衡各方利益。四是决策具有一定的前瞻性，对创新环境有一个基本的判断，拓展社会的包容性，提高社会的自我调节能力。五是建立持续性的评估和监督机制，利用网络、新媒体、大数据技术等带来的创新补充传统的评估和监督机制，内容包括多元主体对治理对象的评估和监督，多元主体自我评估、披露和监督，以及社会公众、媒体与第三方机构对于治理主体的评估和监督。

### （三）积极构建共建共治共享的治理格局

党的十八届三中全会提出，全面深化改革的总目标是“完善和发展中国特色社会主义制度，推进国家治理体系和治理能力现代化”。习近平总书记强调：“必须适应国家现代化总进程，提高党科学执政、民主执政、依法执政水平，提高国家机构履职能力，提高人民群众依法管理国家事务、经济社会文化事务、自身事务的能力，实现党、国家、社会各项事务治理制度化、规范化、程序化，不断提高运用中国特色社会主义制度有效治理国家的能力。”[①] 随着互联网特别是互联网与大数据、人工智能等新兴技术的融合发展，社会治理模式从线下

---

① 2014 年 2 月 17 日，习近平在省部级主要领导干部学习贯彻十八届三中全会精神全面深化改革专题研讨班开班式上发表重要讲话。

转向线上与线下相融合，及时互动、迅速决策越来越重要，政府职能的发挥也从侧重政府监管转向了注重社会协同治理。习近平总书记在全国网络安全信息化工作会议中指出要："加快信息化服务普及，降低应用成本，为老百姓提供用得上、用得起、用得好的信息服务，让亿万人民在共享互联网发展成果上有更多获得感。""要提高网络综合治理能力，形成党委领导、政府管理、企业履责、社会监督、网民自律等多主体参与，经济、法律、技术等多种手段相结合的综合治网格局。""要充分发挥工青妇等群团组织优势，发挥好企业、科研院校、智库等作用，汇聚全社会力量齐心协力推动网信工作。"习近平总书记关于网络强国战略的系列论述和战略部署，充分体现了互联网、信息化、智能化建设必须深入贯彻、积极构建"共建共治共享"的治理格局。

中国的经济、政治制度改革为城市治理变革打下了坚实的基础，城市治理模式正在从单向管理走向双向互动，结合网络线上和线下，统筹兼顾，注重调整经济社会中各种利益关系，协调经济、社会和人的全面发展，推动制度建设和体制创新。在此过程中，政府为智慧城市治理体制机制发挥作用创造了良好的外部环境，也在根据智慧城市的发育程度适时地做好角色转换，主动建设集中、共享的数据平台，实现跨层级、跨地域、跨系统、跨部门、跨业务的协同管理和服务，运用法律、经济、公共政策等多种方式推动强强联合，充分调动公务人员、企业家、专家学者、科技人员积极性、主动性、创造性，发挥"1+1>2"的效应。习近平总书记在党的十九大报告中指出："打造共建共治共享的社会治理格局。加强社会治理制度建设，完善党委领导、政府负责、社会协同、公众参与、法治保障的社会治理体制，提高社会治理社会化、法治化、智能化、专业化水平。"这代表着应时代要求逐步形成的共建共治共享社会治理格局已从实践走向理论，上升为我们自觉的制度要求。

建设智慧城市应当“以人民为中心”，坚持平衡、效率和公平的原则，把科学技术看成是与政治、经济、文化等所有其他社会子系统紧密相关的公共产品，统筹社会资源，协调治理方案，服务社会公众，实现共建共享。政府的任务就是平衡社会力量和决策需要，制定出相关意见标准，要在各领域规则通用性不高的情况下，确保各个领域治理规则的公平性和一致性，让规则从直接作用于人和事，发展到作用于价值和使命。政府要做好信息化、工业化、城镇化相融合这篇大文章，发挥互联网优势，实施“互联网+教育”“互联网+医疗”“互联网+文化”等，促进基本公共服务均等化。政府应当积极探索国有力量和私人力量的结合，加强资本协作，发挥龙头优势，建立上下游信息链、产业链、创新链，提升互联网创新能力和城市基础设施建设水平，促进科学、经济、社会、文化等领域齐头并进。政府要善于运用网络了解民意、开展工作，加快推进电子政务，打破信息壁垒、提升服务效率，让百姓少跑腿、信息多跑路，解决办事难、办事慢、办事繁的问题，让互联网成为了解群众、贴近群众、为群众排忧解难的新途径，成为发扬人民民主、接受人民监督的新渠道。总之，要坚持用新动能推动新发展，实现高质量发展，加快信息化发展，利用互联网新技术新应用对传统产业进行全方位、全角度、全链条的改造，整体带动和提升新型工业化、城镇化、农业现代化发展。把增进人民福祉作为信息化发展的出发点和落脚点，让人民群众在信息化发展中有更多获得感、幸福感、安全感。

为了从国家层面进一步统筹智慧城市建设中的重大议题和工作重点，全面推进新型智慧城市建设，国家发展和改革委员会等25个部委，于2016年5月联合成立了“新型智慧城市建设部际协调工作组”。各部门分管负责人任协调工作组成员。中共中央网络安全和信息化领导小组办公室联合印发了《新型智慧城市建设部际协调工作组2016—2018年任务分工》(以下简称《任务分工》)。《任务分工》对2016—2018年我国智慧城市建设进行了总体部署，对各部门、各领域工作进行了统筹协调。三年任务分工明确了部际协调工作组中25个成员部门的任务职责，共计26项。其中，部际协调工作组负责的总体任务包括开展新型智慧城市建设，加强城市顶层设计。25个成员部门任务包括：指导各地区推进政务大数据应用；指导各地区开展智慧城市时空基础设施建设与应用；指导各地区推动智慧医疗、智慧教育、智慧旅游、智慧交通、智慧社区、智慧水利、智慧城建、智慧人社、智慧医药、智慧生态、智慧能源及智慧农业等建设与应用；指导各地区推进网络基础设施建设、加强网络安全管理，开展智慧城市标准体系和评价体系建设及应用实施，加强新型智慧城市宣传和国际交流合作；等等。部际协调工作组站在国家高度统筹谋划，对智慧城市建设进行了顶层设计，对各部门，各领域工作进行了统筹协调，明确了各部门的职责任务，这些任务又共同有机组成了整个智慧城市建设方向和内容。《任务分工》是推进我国智慧城市科学、有序建设的指导性文件，进一步明确了各部门在推动智慧城市建设中的职责、定位和主要任务，对加强顶层设计、统筹“条块”建设、推动智慧城市各领域应用，具有十分重要的作用和意义。①

---

① 陈畴镛、王雷、周青：《网络强国战略与浙江实践》，北京：科学出版社2016年版，第302页。

## 四、完善智慧城市建设的激励机制

### （一）增强对公务人员的激励

马克思在《黑格尔法哲学批判》的导言中写道："理论只要说服人，就能掌握群众，而理论只要彻底，就能说服人。所谓彻底，就是抓住事物的根本。但人的根本就是人本身"。制度的建立与执行只要能够调动人的主观能动性，激励个人实现理想目标，就能得到有效的贯彻，就是抓住了制度建设的根本。城市治理是一项庞大的集体项目，达至理想目标必须分析认识集体行动的规律。集团克服集体行动的巨大困难以理性地获得集体利益，可以在两个环境下达到，一是当集团中的成员很少时。另外一个可以使集团克服集体行动困难的环境是要有选择性的激励。① 智慧城市建设涉及广大社会群体，实现有效的集体行动，取得集体目标的胜利，需要给每个成员施加选择性的激励。尤其是公务人员，其行为直接影响相关制度的执行效果，只有调动起公务人员的主观能动性，才能够增强制度执行实效，保障制度的有效运行。

有选择的激励可以是正向的也可以是反向的，正向的是给予正面的行为以鼓励，反向的是给予反面的行为以惩罚。正向的是方向，反向的是底线，坚守底线才能一往无前。罗马法里有句格言："任何人不得从其不法行为中获得利益"。如果不能剥夺不法利益，那违法行为是无法得到有效遏制的。促使人们普遍遵守法律、制度，就必须坚定地剥夺违法违纪者从违反法律、制度的行为中所获得的利益，彻底封锁违法动机的源

---

① ［美］曼瑟·奥尔森：《权力和繁荣》，苏长和、嵇飞译，上海：上海世纪出版集团2014年版，第69页。

头。《国家信息化发展战略纲要》强调推进信息化法治建设，完善信息化法律框架：“依法推进信息化、维护网络安全是全面依法治国的重要内容。要以网络空间法治化为重点，发挥立法的引领和推动作用，加强执法能力建设，提高全社会自觉守法意识，营造良好的信息化法治环境。”“发挥立法引领作用”“提高自觉守法意识”，表明了坚决从源头上阻断违法动机的立意。为了确保激励的有效性，选择性激励应当适用事实简单明了、通俗易懂，增强制度的可操作性。从另一个方面看，清楚的适用事实也激励了人民群众对公务人员的监督，群众在监督过程中还能熟悉相关信息，增强政治参与能力。正如西方谚语所云：“我听到的会忘记，我看见的会记住，我做过的才会真正明白”。[①] 因为处于快速变革时期，智慧城市的相关立法及政策并不完善，智慧城市及其他网络信息发展领域都存在难以将实践问题具象涵盖于明确规定之中的问题，制度的滞后性有所体现。当然，这个问题会随着实践的推进而得到缓解。

如果一个集体要更加接近自己的目标、理想，必须促使个人与集体在整个社会的背景之下实现有效的互动。有组织的集体以及努力保持集体稳定性的成员，必定会将很多的精力放在组织有序的集体或可以引导集体向这个方向发展的问题上。这意味着，集体会培养出具有社会同质性的成员，并且会运用自己的某些资源来鼓励成员保持这种同质性。人性中的个人主义倾向与人性中的共有取向是互相补充的。[②] 个人与集体的互动还体现在个人与集体其他成员之间的互动。每个人都拥有自己

---

① ［美］加里·R·卡比、杰弗里·R·古德帕斯特：《思维》，韩广忠译，北京：中国人民大学出版社 2010 年版，第 354 页。

② ［美］E·博登海默：《法理学、法律哲学与法律方法》，邓正来译，北京：中国政法大学出版社 2004 年版，第 6 页。

的社会生活，在这个圈子里合作的愿望是明显的，他人对于自己的友好、热情或者冷漠、孤立都是一种原动力，促使个人的行为发生一定的转变。这种压力或动力不需要制度在实施中付出更多的成本，只需要营造一种氛围，就可以调动起公共领域的私人力量以支撑制度的实施。《关于促进智慧城市健康发展的指导意见》以及其他相关规范性文件中，都反复强调“政府引导、市场主导”，实现“协同创新”，公务人员在与市场、社会主体交流的过程中，实现了思想、价值观、兴趣和社会准则，也在互动中加强了对公务人员的启发、激励和监督，这些交流和互动，能够对制度体系产生全面的影响。

### （二）提升群众的情感认同

政府有责任调动各种力量增强公共服务的实效。人是发展的第一要素，调动起人的活力，就能够增强公共服务的实效。情感与理性一样，都是人类从物质劳动中分化出来的精神力量。智慧城市建设需要打造理性的法治政府，同样也需要重视情感——这一“人的内驱力”，通过激发积极的情感要素，树立正确的情感态度，引导规范的情感行动，实现治理的价值取向。情感是一种以自我体验的形式反映客体与主体需要关系的心理现象。[①]“人心之动，物使之然也”，理性与情感都是人们真真切切体验到的现实，都是人的特性，规定着人的存在，构成了社会交往的基础。情感的发生过程是生理活动与心理活动交织在一起的，是一种社会事实。社会活动决定了人的主观体验，而个人主观体验通过情感行动转化为了一种客观存在。马克思在《关于费尔巴哈的提纲》中第一条就指出：“从前的一

① 郭景萍：《情感社会学：理论·历史·现实》，上海：上海三联书店2008年版，第42页。

切唯物主义（包括费尔巴哈的唯物主义）的主要缺点是：对对象、现实、感性，只是从客体的或者直观的形式去理解，而不是把它们当作感性的人的活动，当作实践理解，不是从主体方面去理解。”[①] 毛泽东在其哲学思想代表作《实践论》中强调：“感性和理性二者的性质不同，但又不是互相分离的，它们在实践的基础上统一起来了。”[②]

情感生产会参与到社会生产之中，成为推动或阻碍社会发展的力量。强调经济理性的现代社会既需要合理性，也需要合情性。合理性是社会制度的内核，是调节社会行为的基本原则；合情性是激发人性潜力的关键，是达至社会和谐的根本保障。智慧城市建设制度的塑造和运行中既应强调合理性，也应强调合情性，制度理性尊重具有责任感、道德感、促进社会和谐的个人情感，社会制度应当力倡以“公情”来改造“私情”，以“至情”来提携“薄情”，以“真情”来导引“非情”。[③] 工业化、信息化、城镇化、农业现代化要实现同步发展，实现“紧密联系、相互贯通，相互作用”，需要贯通理性与情感，让情感与理性形成合情合理的互动，发出合力。习近平总书记在党的第十九次全国代表大会上强调“人民对美好生活的向往”就是我们党的奋斗目标，我们党应当“不忘初心，牢记使命”，“为中国人民谋幸福，为中华民族谋复兴”。“人民对美好生活的向往”是人民最为朴实的情感，“初心”“使命”更是一种情怀，是共产党人道德情操、理想信念的集中体现，“谋幸福”“谋复兴”是中华民族最伟大的梦想。这

---

① 《马克思恩格斯选集》（第1卷），北京：人民出版社1995年版，第54页。

② 杨信礼：《重读〈实践论〉〈矛盾论〉》，北京：人民出版社2017年版，第5页。

③ 郭景萍：《情感社会学：理论·历史·现实》，上海：上海三联书店2008年版，第134页。

种情感、这份情怀，是我们党实现“为中国人民谋幸福，为中华民族谋复兴”的最为强大、持久的动力。情感认同已经成为推动中国特色社会主义事业前进的重要力量。

“人们的行为竭力要达到各种目标，与其说他们总是选择能给他们带来最大物质利益的对象，不如说他们总是在可供选择的对象中选择最‘偏爱’的对象。”① 制度有效运行靠的是严谨的规范，更是群众自发认可的主动行为。公共服务追求的“民生福祉”和公共事业尊奉的“全心全意为人民服务”，作为一种标准虽然也可以通过一些客观的数据实现评价和反馈，但是若要完整地呈现其内涵，还必须采取价值判断的方法来加以衡量。社会行动由社会理性和社会情感共同驱动。制度执行的精确度，需要调动情感来实现。

情感行动之间存在着相互影响。对于公务人员来说，其个人情感、职业道德和理想信念是个人的主观意志，但是对于社会公众来说，公务人员在主观意志反馈下的公务行为就是客观的情境因素。公务人员与社会公众在公务行为的发生过程中，产生情感互动。培养公务人员对社会公众、对职业、对事业的积极情感，引发规范性的职业情感行动，这既能够赢得公众对公共服务事业的满意度，也能够在情感互动中培养社会公众对公务人员、对公共事业、对公权力的积极情感。

社会公众对于特定主体所应具有的情感行为保有期待，比如认为公务人员、党员应当是人民公仆，心系民众。实现这份期待能够加强社会公众与公务人员之间的信任，政府及其部门在人民群众中的权威也会得到强化。相反，如果离人民群众的期待渐行渐远，信任也就渐渐不复存在。古罗马历史学家塔西

---

① ［美］彼得·布劳：《社会生活中的交换与权力》，孙非等译，北京：华夏出版社 1988 年版，第 21 页。

佗有句为人熟知的警言："一个执政者，一旦不受欢迎，他做的事不论好坏，都会招致同样的不满。"信任感是人们深藏于内心的进行抉择、判断是非的准绳。有信任才有认同，信任是合作的情感基础。有了信任，就是有了情感上的认同，人们认识事物就会采取积极的行动。城市建设中应当不断培育积极情感，让积极情感流行起来，成为鼓舞人心的源泉。

支配大众的是榜样，很多影响都归因于"模仿"。智慧城市建设需要榜样，需要在榜样的带领下，百折不挠地坚持我们的理想信念，不断在实践中加深彼此之间的信任，这样才能增强群众观念和群众感情，不断厚植党执政的群众基础。事实是对人们普遍接受的事物的体验。这些数据和体验可以通过不同方式进行解读，并被赋予新的含义。① 智慧城市努力实现的公共服务是有实效的公共服务，社会公众不仅能够获得公共服务，还能够认同公共服务，甚至积极主动地参与到公共服务之中。《关于促进智慧城市健康发展的指导意见》中指出："城市人民政府是智慧城市建设的责任主体，要加强组织，细化措施，扎实推进各项工作，主动接受社会监督，确保智慧城市建设健康有序推进。"政府是责任主体，应当在智慧城市建设中为其他治理主体、为市民做榜样，随着公务人员职业道德的提升、为民服务信念的加固，情感在社会关系中形成互动，社会公众对于政府的认可、信任和支持的程度也会随之不断上升。如此循环，公众对于智慧城市相关制度和举措的理解、接受程度自然会提高，制度实施的有效性得以提升。

### （三）注重对公共服务的设计

发展智慧城市一个未被充分利用的方法是设计思维。作为

① ［美］亨利·丘吉尔：《城市即人民》，吴家琦译，武汉：华中科技大学出版社 2016 版，前言。

以人为中心的创新思维方式，设计思维将人类的需求和技术整合在一起。[①] 为了实现这个目标，我们应当把设计放在智慧城市建设的重要位置上。智慧城市的设计以人为本，强调在智慧城市的建设中，关注不同人群，增强市民的公共服务体验，通过技术运用为市民提供更好的公共服务。新兴技术的运用增强了政府处理公共事务的能力，“互联网+”教育、医疗、交通、环保等形式，为提供高质量、多样化的公共服务提供了更多的可能性。

体验，是强调自我意识的一个概念。体验在人与人之间的社会关系中形成，是一种内心感受，并反馈到行为进而产生行动。“想群众之所想、急群众之所急、为群众之所盼、如群众之所愿”，这些“想”“急”“盼”“愿”都是以个体的形式所具体展现的。成功地调节公共服务体验，不是要用公共情感淹没个人情感，相反，一个具有自我意识的人，才会通过将自己的行为与相关标准进行比较，进而实现有效的自我调节。增强公共服务体验就是要让个人增强个性，保留其个性化，注重公共服务作用到个人身上的个体调节。一个群体情境中，当一个人感受到的自我存在意识很低时，将很难以高道德标准来要求自己。[②] 所以，在公共服务实现的过程中，包括公共服务供给方和消费方在内的所有个人意识、个人情感甚至个人情绪，都应当获得充分重视和尊重。个人意志不应成为公共意志的附庸，人类情感不能成为技术选择的点缀，公共服务的实现要尊重个人存在，尊重个人与社群的交流，让个人价值在公共价值中得以体现。这样才能够有效激活个人体验的积极信息，增强

---

① ［美］卡罗尔 L. 斯蒂梅尔：《智慧城市建设——大数据分析、信息技术与设计思维》，李晓峰译，北京：机械工业出版社 2017 年版，第 14 页。

② ［美］乔纳森·布朗：《自我》，陈浩莺等译，北京：人民邮电出版社 2017 年版，第134 页。

个人道德感，从而实现汇聚成流的、有规制的、趋向理性的公共情感，促进公共服务各方主体的相互尊重和理解。

要塑造期望的印象，必须把自己放在对方的立场上。好的服务是设计出来的，包括公共服务在内的服务行为应该是一种经过设计、创造、修正、保持社会公众对其印象的“自我展示行为”。公共服务展示的是其应当具有的内在品质，以及期待能够产生的深远影响。公共服务行为具有明确的目的性，代表着一种重要的社会影响，所以，应当带有策略性。说服别人自己拥有某种品质的过程通常以说服自己为结束。[①] 这种建构的过程也是公务人员实现自己、塑造自己、验证自己的过程，能够强化为之奋斗的信念和理想。

“智慧+公共服务”遵循“以人为本，以公共利益为中心”，运用科技应用的便利优势，优化与公共服务消费者接触的关键时刻，打造满足人民群众多样需求的公共服务。政府实现公共服务的智慧化目标，首先，应当乘着深化机构改革的东风，打破公共服务以政府的专业知识为决策依据的工作常态，让拥有不同专业背景的人一起工作，协同共进，比如打造由公务员、学者、商业服务机构工作人员、技术人员共同组成的团队，全面理解公众需求，推动新想法的产生，解决复杂的公共服务问题。其次，在注重公共服务与实际能力“相匹配”的基础上，强调公共服务实践的“合时宜”，利用数据分析、网络线上线下相结合等技术方法的辅助，让公共服务分阶段、有条理地服务于社会公众，比如公共文化进基层不是强调“进”，而是应当强调“何时进何项目”“何地进何项目”，做到真正的精细治理。再有，要把具体公共服务项目中的过程体

---

① ［美］乔纳森·布朗：《自我》，陈浩莺等译，北京：人民邮电出版社2017年版，第165页。

验通过新媒体、公众号、便民小程序等传播渠道扩散到更广泛的群众中去，比如涉及环保、养老的公共服务，可以开放给公众体验服务过程，甚至鼓励孩子们参与进来，以线下参与、网上直播的形式创新公共参与模式，实现公共意识的培养和教育。最后，警惕先入为主的“家长式思维”，要把公共服务内容做出选项，将公众的选择权交还给公众，利用移动终端的便捷性增强与公众的交流，让公众切身感受到“有得选”而不是“没得选”“没法选”，将体验留给公众。

随着我们对周围环境认知的不断提高，对美好生活的追求也越来越高，愉悦感成为生活中越来越宝贵的财富。奋勇前进的力量来源于每一个人。尊重具体实践、尊重个性是强化认同、增强执行力的重要方法。虽然社会主义初级阶段，公共服务以发展与经济社会水平相适应的基本公共服务为主要内容，但是我们的追求并不能试图以在官僚机制运作中少出错作为衡量满足民众需要的标准。因为基本公共服务也同样是以社会公众的满意度为标准的，也是以人民群众的获得感、幸福感、安全感为奋斗目标的。“人心是最大的政治”，公共服务服务于人，要紧紧抓住“人心”，相信“将心比心”。2015 年，国务院开始积极推广“互联网+”行动，2016 年国务院办公厅印发的《“互联网+政务服务”技术体系建设指南》中强调要：“针对政务服务用户体验不足、评价手段欠缺等问题，加强‘互联网+政务服务’评价考核体系建设。”2017 年，中央网信办、国家发展改革委会同有关部门确定在北京、上海、江苏、浙江、福建、广东、陕西、宁夏，开展为期二年的国家电子政务综合试点，2018 年，国务院出台《进一步深化“互联网+政务服务”推进政务服务“一网、一门、一次”改革实施方案》，坚决推动企业和群众办事线上“一网通办”（一网），线下“只进一扇门”（一门），现场办理“最多跑一次”（一次），让企业和群众到政府办事像“网购”一样方便。为贯彻落实李克强总理关于政务服务要接受各类问题投诉、加强监督的重要指示精神，2018 年 9 月 20 日起，国务院办公厅开通“国家政务服务投诉与建议”小程序，广泛接收社会各界对政务服务的问题线索和意见建议。这一系列运用新兴技术适应时代发展的举措展现了政府深化职能改革的决心，也是增强人民群众政务服务体验的典型体现。

## 五、优化智慧城市建设的公众参与

### （一）“互联网+公众参与”的内容与形式

人们通过数字技术能够接触到大量的资讯，个人拥有了更便捷、更直接的参与讨论和决策的渠道。伴随着法律对个人权利承认与保护的逐步完善，公民的权利意识迅速觉醒。公民个人正在逐步深入到监管、服务、实施等治理过程之中，私人的贡献从“纯粹”咨询性的作用直至全面承担决策权力。[①] 个人参与不再只是一个讨论过程，他们在标准设定、第三方评估等方面发挥着重要作用，同时，作为公民力量的代表——大量的非政府主体，包括公司、公益组织、行业协会与非营利组织都会以各种方式参与“公共”事务与决策。智慧城市的发展动力是创新，而人是创新发展的动力之源。检验智慧城市治理有效性的标准，就是要看是否调动起了人的积极性，是否造福于民。“治国有常，而利民为本”。习近平总书记多次强调网络强国必须“以人民为中心”“各级党政机关和领导干部要学会通过网络走群众路线”。人民是智慧城市的主人，要善于引导

---

① 道格拉斯 · C. 迈克尔：《联邦行政机关以受监督的自我管制作为管制技术》，《行政法评论》1995 年总第 47 卷，第 171 页。

和激发人民的创造力，尊重人民的首创精神和创新实践。可以说，智慧城市治理的核心内容，即政府对权力的运用以及在这一运用过程中人的作用。只要坚持“以人民为中心”的网络强国战略思想，并以此为智慧城市建设的出发点和归宿，始终代表最广大人民的根本利益要求，智慧城市建设就会不断取得突破和实质性进展。

参与（即重复的合作性互动），能够建立信任并增加关系的价值。参与能够塑造文化。不断增进的信任，能够带来更高的效率。[①] 参与可以改进规则的信息基础从而提升决定的质量，并因而增加成功实施的可能性并且就规则在实践中的效果提供重要的反馈。制度化的参与并非鼓励对行政机关提议的解决方案作出回应，而是既包括阐述可能的回答，也包括阐述问题的机会。[②] 政府的任务就是平衡及时决策的需要和参与的需要，同时制定出采纳未来参与者提出的相关意见标准。当代的政府组织已经不可能直接通过法律或其他命令式的方式来施行其公共计划方案，相反，政府在实施政策和提供公共服务时，必须事先与社会进行磋商。政府已经不可能再凭借法定方式和必要时的强制手段来将其意志强加于民，他们现在必须与许多对政策具有影响力的自利性团体达成共识，之后才能够进一步制定并执行政策。[③] 现在，城市正在迅速转向开放源代码技术，以改善民主进程，并在政府和公民之间与公民和公民之间创造一个丰富、全面的对话。甚至大规模的设计都可以通过众

---

① ［美］阿莱克斯·彭特兰：《智慧社会：大数据与社会物理学》，汪小帆、汪容译，杭州：浙江人民出版社 2015 年版，第 69 页。

② ［美］朱迪·弗里曼：《合作治理与新行政法》，毕洪海、陈标冲译，北京：商务印书馆 2010 年版，第 41 页。

③ ［美］B·盖伊·彼得斯：《政府未来的治理模式》，吴爱明、夏宏图译，北京：中国人民大学出版社 2014 年版，第 7—8 页。

包来加强，城市可以利用搜集到的行为数据或关于公共空间和服务如何使用的简单回答，带来创新和非常规思维方式，产生有效的结果。[①]

新型数字媒体是第四次工业革命的核心组成部分，对我们个人和集体构建社会及社群产生着越来越大的推动力。数字媒体以全新的方式将人们以"一对一"及"一对多"的形式联系起来，让志同道合的人们突破社会和现实的障碍建立联系。[②] 网络技术将传统形式的公民活动（如选举地区的和国家级的代表等）与创新方式相结合的契机，赋予公民在公共事务决策等方面发挥更直接的影响力。互联网在公众参与公共事务过程中扮演着日益重要的角色。社会公众可以通过互联网发起、组织、认同、讨论对公共政策的意见，极大地拓展了公众参与公共政策过程的地理边界和知识边界，它提供的无障碍、全景式的信息流动渠道，使跨时空、跨边界、跨领域的普遍联系成为可能。[③]"互联网+"背景下公众参与是对公众参与公共事务的时代解读，是公众以网络为途径和手段介入政治生活领域，参与制定、讨论政府的公共决策，从而直接或间接地影响政治体系的运行方式、运行规则和政府决策过程的政治行为。[④] 传统的公众参与主要是通过问卷调查、听证会、公开集会等渠道，公众公开或半公开地阐述自己的观点，再由有关人员对公众意见进行筛选、分析、汇总。而在互联网时代，信息

---

① ［美］卡罗尔 L. 斯蒂梅尔：《智慧城市建设——大数据分析、信息技术与设计思维》，李晓峰译，北京：机械工业出版社 2017 年版，第 168 页。

② ［德］克劳斯·施瓦布：《第四次工业革命转型的力量》，李菁译，北京：中信出版社 2016 年版，第 96 页。

③ 陈保中、韩前广：《互联网时代公众参与公共政策过程的逻辑进路》，《上海行政学院学报》2018 年第 3 期。

④ 王金水：《公民网络政治参与与政治稳定》，《中国行政管理》2011 年第 5 期。

通信基础设施越来越发达，公众能够采取线上网络方式，生产、传播、共享与交流相关信息，信息采集者运用大数据、云计算等技术可以对信息快速汇总、分析，还可以运用电子政务系统，配合卫星遥感等先进技术实现公众意见数据的动态更新，追踪更新。参与形式实现了线上与线下的结合（Online to Offline)，大大方便了信息传播，拓展了参与平台，降低了政治参与成本。

哈贝马斯曾经提出，公共领域的产生和存在需要具备三个基本要素：参与成员是平等的、开放讨论议题、广纳参与成员。[①] 公众参与并不是参与即可，必须符合多种要素才能在公共领域产生实效。由于公共政策制定的复杂性、政府的强势地位、网络参与者身份的隐蔽性、网络参与行为的不确定性等因素，使得公众基于互联网参与公共政策制定面临不少困难和问题。在现实中，信息的不对称占有，利益组织化的不均衡，回应和规则机制的缺位，都构成对真实、有效民意表达的障碍。[②] 特别是那些专业性、技术性强的行政活动，相应信息的缺少即意味着话语权的丧失。电子政务发展滞后、政府信息公开不充分导致的信息不对称，使得公众无法有效参与甚或无法参与。[③] 网络社会的格局往往是现实社会的映射，政府及具有影响力的名人、专家仍然比普通公众拥有更大的话语权。新媒体技术的应用，海量信息真假难辨，加之网络操手、网络水军兴风作浪，淆乱视听，影响了公众参与讨论的质量，阻碍了政

---

① Habermas J. The Structural Transformation of the Public Sphere: An Inquiry into a Category of Bourgeois Society. MA: MIT Press, 1989, 36-37.

② 王锡锌:《公众参与和行政过程——一个理念和制度分析的框架》，北京：中国民主法制出版社 2007 年版，第 365 页。

③ 李霞:《“互联网+”时代公众参与的法律规制》，《哈尔滨工业大学学报》2016 年第 6 期。

府与社会公众共识的达成。"互联网+公众参与"若要取得实效，需要立足参与本质，结合互联网等新兴技术的特点来加以规划和设计。有学者提出，互联网背景下，"参与式动员"成功设计需要遵守金律五条即"BRICS 原则"：B（Benefits），即利益要素，要保证参与能提供有实际价值的"利益"；R（Recognition），即认同，参与能提供目标公众的某一个身份的"认同感"；I（Interaction），即互动，参与机制应该是有反馈的，而不是"自说自话"或"你画我猜"；C（Convenience），即便利，无论是"时间""精力"还是"金钱"，都应该保证参与者尽量低的投入；S（Spread），即传播，同时调动"社会化媒体"和"大众媒体"的神经，形成"1+1>2"的影响效果。①

## （二）电子政务发展对公众参与的推动

社会公众是公共政策制定过程中的关键利益相关者。在现代民主政治框架下，政府权力和责任的约束机制主要来自民主、法治和公民社会三个方面。公民社会的约束主要通过舆论监督、公民个人或组织与政府的"对话"等形式，表达公民的意愿或诉求，检测政府权力运行是否符合"民意"。② 进入数字时代，公民个人权利的实现被赋予了更多的可能性，但是，公民个人相对于政府、企业以及其他社会组织而言，在信息的获取和分析方面始终是处于弱势的。获取信息能力的不平等造成了新型的权力不平等，个人在公共事务方面的意见很容易被其他强势主体的意见所淹没，导致公共决策过程中形成

① 张洋：《互联网时代，社会动员怎么破——以 BRICS 原则为指导的参与式社会动员探析》，《市场研究》2015 年第 11 期。

② 高尚全：《政府转型——献给改革开放 30 年》，北京：经济科学出版社 2008 年版，第30 页。

"沉默的螺旋"[①]。政府是多方治理主体协商的召集者与助成者，有能力激励实现更广泛的参与、信息共享与审议。政府应当努力消除"数字鸿沟"对个人能力的限制，增强公民对于社会决策的影响。

我们党一贯重视人民对公共事务的参与。党的十六大报告指出："要完善深入了解民情、充分反映民意、广泛集中民智、切实珍惜民力的决策机制，推进决策科学化民主化。各级决策机关都要完善重大决策的规则和程序，建立社情民意反映制度，建立与群众利益密切相关的重大事项社会公示制度和社会听证制度，完善专家咨询制度，实行决策的论证制和责任制，防止决策的随意性。"党的十七大报告指出："坚持国家一切权力属于人民，从各个层次、各个领域扩大公民有序政治参与，最广泛地动员和组织人民依法管理国家事务和社会事务、管理经济和文化事业"，并进一步指出："增强决策透明度和公众参与度，制定与群众利益密切相关的法律法规和公共政策原则上要公开听取意见。"党的十八大报告提出："中国特色社会主义是亿万人民自己的事业……最广泛地动员和组织人民依法管理国家事务和社会事务、管理经济和文化事业、积极投身社会主义现代化建设，更好保障人民权益，更好保证人民当家作主。"党的十九大报告强调："有事好商量，众人的事情由众人商量，是人民民主的真谛"。可见，尊重人民主体地位，重视公众参与公共事务，是我们党一以贯之的治国理政理念。2015 年中共中央、国务院颁发《法治政府建设实施纲要（2015—2020 年）》明确提出："要完善立法项目向社会公开征集意见制度，加强与社会公众的沟通，健全公众意见采纳

① "沉默的螺旋"（The Spiral Of Silence）指的是意见多数者的声音会越来越强大，少数者越来越沉默下去的螺旋发展趋势。

情况反馈机制，拓展社会各方有序参与政府立法的途径和方式，提高政府立法公众参与度；各级行政机关特别是市县两级政府要加强公众参与平台建设，对社会关注度高的决策事项，应当公开信息、解释说明，及时反馈意见采纳情况和理由。”人民的意志通过法律上升为国家的意志，公众参与是国家建设的政治保障。

身处互联网时代，政府与人民之间沟通的渠道拥有了新的形式，但是政府与人民的关系，围绕人民需求、在人民的监督下开展工作的本质并没有改变。互联网为人与人的沟通提供了便利，习近平总书记指出：纵观世界文明史，人类先后经历了农业革命、工业革命、信息革命。每一次产业技术革命，都给人类生产生活带来巨大而深刻的影响。现在，以互联网为代表的信息技术日新月异，引领了社会生产新变革，创造了人类生活新空间，拓展了国家治理新领域，极大提高了人类认识世界、改造世界的能力。互联网让世界变成了“鸡犬之声相闻”的地球村，相隔万里的人们不再“老死不相往来”。[①] 习近平总书记在2016年网络安全和信息化工作座谈会上发表讲话，指出要建设网络良好生态，发挥网络引导舆论、反映民意的作用，他强调：“群众在哪儿，我们的领导干部就要到哪儿去”，“各级党政机关和领导干部要学会通过网络走群众路线，了解群众所思所愿，收集好想法好建议，积极回应网民关切、解疑释惑”，“善于运用网络了解民意、开展工作，是新形势下领导干部做好工作的基本功。”“对建设性意见要及时吸纳，对困难要及时帮助，对不了解情况的要及时宣介，对模糊认识要及时廓清，对怨气怨言要及时化解，对错误看法要及时引导和

① 2015年12月16日，习近平在浙江乌镇召开的第二届世界互联网大会开幕式上的重要讲话。

纠正，让互联网成为我们同群众交流沟通的新平台，成为了解群众、贴近群众、为群众排忧解难的新途径，成为发扬人民民主、接受人民监督的新渠道。”

行政机关在履行公务职责过程中制作信息以及向其他个人和组织获取信息，它们是社会中最主要的信息拥有者，这种公共物品除法律规定必须保密外，都应向全社会公开。[①] 为了尽可能消除“数字鸿沟”的局限，政府应加强网络基础设施建设，加强政府网站和公众参与公共政策制定的平台建设，强化其“信息公开、公众参与、在线服务”功能，全面推进政务公开，大力发展电子政务，向社会公众提供与公共政策制定密切相关的优质信息服务，及时回应公众的合理诉求，实现民意上传和政务下达的有效互动。优化公众参与公共政策制定的机制，包括公众参与公共政策制定的评价体系、考核办法、回应机制、问责制度，健全基于互联网的政治协商和网络舆情引导机制，保证以公众参与公共政策制定为核心的民主政治健康发展。[②] 通过在必要的时候提高技术资源、资金资助与组织支持，政府可以发挥当事人与制度能力建设者的作用。政府与公众不仅可以形成伙伴关系，政府还可以给予公众必要的公共事务训练与帮助。政府部门可通过建立各种形式的现代信息技术服务中心，开展“全民网络教育工程”等有效措施，使公众能够以廉价便捷的方式学习先进的网络信息技术，有效利用网络信息资源。[③] 政府应当积极利用数字媒体丰富个人与政府、

---

① 林华：《因参与、透明而进步：互联网时代下的公众参与和政府信息公开》，《行政法学研究》2009 年第 2 期。

② 金毅、许鸿艳：《当代中国公民网络政治参与的特征、困境与出路困》，《中州学刊》2013 第 3 期。

③ 陈运雄、罗甜甜：《公众基于互联网参与公共政策制定的问题与对策》，《湖南农业大学学报》2017 年第 2 期。

社会组织的对话形式，多渠道表达公民的意愿或诉求，改善民主进程，在政府和公民之间创造一个全方位、多层次的对话机制，通过交流合作构建信任，增进了解，促进新思想，带来高效率。

近年来，我国大力推动"互联网+政务服务"的发展，"互联网+政务服务"提供了更加便民、惠民的公共服务，但是提供服务并不是仅仅满足公众在经济社会领域的需求，还应当关注公众参政议政、参与公共事务决策的需求。为公众了解政务信息、参与公共决策提供便利，是电子政务发展的应有之义。世界银行信息发展项目组提供的《发展中国家电子政务手册》将电子政务发展分成以下三个阶段：（1）公开发布阶段（Publish），是指利用信息通信技术扩大政府信息的传播面。（2）交互（Interact）阶段，是在政府信息公开发布的基础上，进一步利用信息通信技术扩大公众在政府事务中的参与面。（3）在线业务处理（Transact）阶段，在这一阶段，公众所需要的政府服务可直接通过在线的方式得到满足。联合国公共经济与公共管理部在《电子政务测度：全球透视》报告中，对电子政务的发展进行了如下五个阶段的划分：（1）网上初现（Emerging Presence）阶段，是指政府的相关信息开始在网上出现，该阶段政府提供信息特点是"政府有什么就提供什么"。（2）增强出现（Enhanced Presence）阶段，是在网上初现这一阶段基本实现后，进一步强化政府信息服务的功能，为公众提供更专业的信息服务，在这一阶段，政府要按"公众需要什么，政府就提供什么"的思路进行信息提供。（3）交互出现（Interactive Presence）阶段，政府与公众可以进行双向、动态的信息交互，比如公众可以通过网络下载各种政府文件、表格，也可以直接通过网络提交表格，同时还可以对政府的相关决策进行在线评论等。（4）在线处理出现（Transactional

Presence）阶段，是通过电子政务系统直接在网上办理相关的事务，实现在线式的业务处理，为公众和政府部门创造更大的价值，是电子政务较高形式的发展阶段。（5）网络化评估阶段，网络化评估属于政府电子化治理的阶段，在这一阶段，公众可以通过网络对政府的决策和相关事务进行更深层次的参与和评估，政府也可以对其服务对象进行更有针对性的管理和服务，使得政府的治理与服务能力跃上一个新台阶。[①] 政府公开政务信息，提供与公众（包括代表公众的组织）进行双向、动态的信息交互，协助公众进行深层次的参与和评估，是电子政务发展的重要目标。

## 六、确保智慧城市建设的总体安全

### （一）主动应对网络安全监管

第四次工业革命所引发的变革极为迅猛，政府面临前所未有的挑战。网络攻击经常被低估，却会产生很重大的影响。以前只有政府和极其高端的组织才具备的技术运用能力，现在正迅速地大众化。从 3D 打印、无人机到源代码，大量新兴技术工具正变得越来越容易获得，个体和组织的破坏能力得到了增强。随着这些技术应用的普及，城市总体安全问题正在经受考验。舆论的情绪也表现出对数据保护现状的不满，比如手机经常收到“垃圾短信”、网络电信诈骗层出不穷。5 月底发布的《数字金融反欺诈白皮书》指出，2017 年“网络黑产”从业人员超 150 万，年产值达千亿级别。《工人日报》报道称，去年流入“个人信息黑市”的信息达到 65 亿条次，平均每个中

① 陈群民：《打造有效政府——政府流程改进研究》，上海：上海财经大学出版社 2012 年版，第 129—130 页。

国人的个人信息都被泄露了5次。[①] 闻名全球的社交网站Facebook也在年初曝出了用户信息泄密投票丑闻，政治咨询公司“剑桥分析”（Cambridge Analytica）曾在2016美国大选期间，利用Facebook上5000万名用户资料进行分析，最终“读心”有术，向5000万名Facebook用户发送“专属”政治广告，左右选民投票。[②] 数据已经成为一种新的经济资产类别。数据在个人使用上意味着存储、认证，在商业平台上则意味着投资与回报，而如果被恶意使用，就会成为破坏性武器。全球因网络攻击每年造成的损失约为3万亿美元，几乎相当于法国或德国的GDP。[③] 可以说，信息社会里，谁掌握了技术创新能力和信息，就拥有了权力，而信息不对称又导致了新的权力不对称，引发了新的社会风险。

社交软件、智能App保存了我们的地址、喜好、社会关系，智能手机、平板电脑等移动终端捕捉了我们的通讯、社交等生活习惯，GPS等定位系统收集了我们的地理定位、移动路线，随处可见的摄像头能够通过轮廓特征分析实现精准锁定，智慧政务、金融、医疗留存了海量的影响我们生活安全的数据。信息化数字化技术的发展、运用尚存在巨大的不确定性，精通数字技术的人与普通人之间的距离正在拉大，利益相关者有责任通过技术和制度的力量做好有效监管，防范技术滥用，尤其是政府，必须想办法持续地适应快速变化的新环境，做到既不扼杀创新，支持技术发展，又保障国家、城市和公众的利

① 搜狐网：《欧盟GDPR“刷屏”时，中国数据保护也开始行动》，参见http：//www. sohu. com/a/237629424_ 396568.

② E安全：《Facebook史上最大规模数据泄露牵出惊天丑闻》，参见https：//www. easyaq. com/news/240411735. shtml.

③ 搜狐网：《欧盟GDPR“刷屏”时，中国数据保护也开始行动》，参见http：//www. sohu. com/a/237629424_ 396568.

益。智慧城市在大数据、云计算、物联网、移动互联网、人工智能等新兴技术的推动下实现发展，需要以各类信息基础设施的建设为基础，注重城市各类信息的共享。随着城市信息化和智慧化程度越来越高，城市信息安全问题越来越受到关注，推动智慧城市的发展，必须打造城市网络安全体系，既重视传统安全，又重视非传统安全，构建一体化的城市总体安全体系。

如果我们关心的是责任性，那么问题就不仅是如何让政府负责任，还包括如何使管制机制负责任。行政机关缺乏关于行业实践的重要信息。政府可能无法掌握具体管制问题的根源，这使其有必要在大量的领域咨询相关的专家。这也促使我们重新思考公私主体的互动在管制过程中如何得出责任性。我们关注的安全监管体系，实质上是一组由制度因素和技术方法相结合的综合体。监督是政治生活的重要组成部分，讲究规范也讲究科学，以法律制度为基础，也离不开技术的保障。各种监督是一些细小技术发明的组合，这些技术能够通过减少权力的不灵便之处来增加人群的有用规模。违法违纪行为的变化是与监督活动的扩展和改进相互关联的，对日常行为、身份、活动以及形式上的机制性调整，是应付各种复杂实体和力量的一种策略。这是一种权力和知识的关系，人是这种关系的核心，也是这种关系所调整的对象。传递这种调整的是一系列的机制，其通过不间断、持续的对过程的规制而影响行为的结果。构建这种关系的目的不是要监督得更多更广，而是让监督更加有效，使监督深深嵌入社会本身。

建立和完善权力制约与监督机制，首先，要在权力运行中贯彻法治原则，依法行政是防止政府滥用权力、维护公民基本权利和利益的基本要求。政府的权力必须来自法律的明确授权，依照法定程序来进行，行政主体不能“以法谋私”。要加强权力机关、行政监察机关、司法机关等专责机关的职能监督，还要形成包括群众组织、新闻媒体、以及公民个人监督在内的广泛社会监督机制。其次，要创新监管形式，积极适应飞速发展的数字社会，克服传统线性的、自上而下的、机械化的监管，灵活协作，运用数字技术动员多元治理主体的力量，实现网络化的、立体的、动态的监管。智慧城市的发展靠创新，监管者必须寻找平衡点，既要鼓励技术创新及其创新运用，又要保护社会公众的利益，作出符合原则、妥善精准的判断。再次，要督促行业自我监督，在与政府、第三方监管并行不悖的情况下，督促行业建立行业标准、自我评估和自我审计，确立行业发展目标，培育职业价值观。自愿的私人标准设定往往与政府的管制并行不悖，在确立调整具体行业或活动的实际标准方面发挥着强有力的作用。但是，自我监控和自我审计是"自治"，不能代替政府和第三方主体的"他治"，自我管制也应有约束，在"自治+他治"的内外循环环境中实现"受监督的自我管制"。特别要重视信息监管，信息是数字社会的关键，也是责任机制发挥作用的基础，相关主体应向公众、其他机构充分披露信息，对于信息披露不充分的，政府可以采取强制措施。最后，要加强标准建设，对于网络隐患、数字危机、技术滥用等问题有一个判断标准，围绕判断依据建立合适的监管框架。标准建设的过程中，除了被管制实体本身的参与之外，大量独立的第三方主体在许多管制情形下亦会发挥"私人检察总长"的作用。政府可以在执行中正式谋求第三方主体的帮助以证实自管制主体实施了管制的要求。通过第三方的执行，行政机关就可以分散保证服从所需要的成本。[①]

---

① ［美］朱迪·弗里曼：《合作治理与新行政法》，毕洪海、陈标冲译，北京：商务印书馆2010年版，第471页。

## （二）贯彻与发展相结合的网络安全观

对于信息和网络安全问题，各国都很重视，相关领域的专家学者也在不断推动信息网络安全的制度化保障。2007年，美国全球大数据权威，可穿戴设备之父，MIT人类动力学实验室主任阿莱克斯·彭特兰首次向世界经济论坛提交了“数据新政”，强调对数据运用的监管，这项建议报告逐渐推动形成了美国政府于2012年提出的《消费者隐私权利法案》。美国国会的下属机构美国政府问责办公室（U.S. Government Accountability Office）于2018年9月6日，发布了《国家网络安全应急措施》（Urgent Actions Are Needed to Address Cybersecurity Challenges Facing the Nation），总结了四大主要的网络安全挑战，提出了十项联邦政府和其他组织应当采取的关键行动。2016年12月，国际标准制定组织IEEE（The Institute of Electrical and Electronices Engineers，即国际电气与电子工程师学会）发布了《合伦理设计：利用人工智能和自助系统（AI/AS）最大化人类福祉的愿景（第一版）》，鼓励科技人员在AI研发过程中，有限考虑伦理问题。[①] 2018年5月，欧盟正式施行《通用数据保护条例》（General Data Protection Regulation，简称GDPR），取代1995年的《数据保护指令》。GDPR被称为史上最严数据保护法，旨在加强对欧盟境内居民的个人数据和隐私保护。根据GDPR的规定，用户享有删除自己数据、要求第三方停止使用自己数据的权利，企业获得客户的搜索和购物记录等数据信息，必须获得用户“自由给予”“明确”“具体”的同意，不能使用模糊、难以理解的语言或冗长的隐私

---

① 陈畴镛、王雷、周青：《网络强国战略与浙江实践》，北京：科学出版社2016年版，第76页。

政策来获取数据使用许可，对违法企业的罚金最高可达2000万欧元（约合1.5亿元人民币）或者其全球营业额的4%，以高者为准。Facebook和谷歌等美国企业已成为GDPR法案下第一批被告。[①]

中国的网络普及率很高，使用率非常活跃，“高铁、移动支付、网络购物、共享单车”被网友称为中国的“新四大发明”。但是受到网络的侵害也很多，国家互联网金融安全技术专家委员会数据显示，截至今年5月，已经发现了2万余个存在异常的互联网金融网站和近1500个互联网金融网站漏洞。[②]面对问题，中国积极行动，抓住基础技术、通用技术、非对称技术、前沿技术、颠覆性技术，把更多人力物力财力投向核心技术研发，集合精锐力量，作出战略性安排，被称为“亚洲数据保护的先行者”。在中央网络安全和信息化领导小组第一次会议上，习近平总书记强调：“网络安全和信息化对一个国家很多领域都是牵一发而动全身的，要认清我们面临的形势和任务，充分认识做好工作的重要性和紧迫性，因势而谋，应势而动，顺势而为。网络安全和信息化是一体之两翼、驱动之双轮，必须统一谋划、统一部署、统一推进、统一实施。做好网络安全和信息化工作，要处理好安全和发展的关系，做到协调一致、齐头并进，以安全保发展，以发展促安全，努力建久安之势，成长治之业”。2018年全国网络安全和信息化工作会议上，习近平强调：“没有网络安全就没有国家安全，就没有经济社会稳定运行，广大人民群众利益也难以得到保障。……各

---

① 凤凰网财经：《史上最严数据保护法来了　侵犯网民隐私可罚1.5亿》，参见http：//finance. ifeng. com/a/20180528/16323541_ 0. shtml? _ zbs_ baidu_ bk.

② 搜狐网：《欧盟GDPR“刷屏”时，中国数据保护也开始行动》，参见http：//www. sohu. com/a/237629424_ 396568.

级领导干部特别是高级干部要主动适应信息化要求、强化互联网思维，不断提高对互联网规律的把握能力、对网络舆论的引导能力、对信息化发展的驾驭能力、对网络安全的保障能力。”

为了保障个人的合法权益和社会公共利益，应对网络信息安全监管的不足，国务院2012年出台了《关于大力推进信息化发展和切实保障信息安全的若干意见》，全国人大常委会又于2016年底发布《中华人民共和国网络安全法》。《中华人民共和国网络安全法》是我国第一部全面规范网络空间安全管理方面问题的基础性法律，是我国网络空间法治建设的重要里程碑。全国信息安全标准化技术委员会组织相关技术企业、研究院以及个人共同起草了《信息安全技术个人信息安全规范》，于2017年12月29日正式发布。该标准旨在遏制个人信息非法收集、滥用、泄漏等乱象，最大限度地保障个人的合法权益和社会公共利益。其要求个人信息控制者收集、保存、使用、共享、转让、公开披露等信息需要得到用户“明示同意”。处理环节中的相关行为，虽然只是推荐性的国家标准，并不具有强制力，但是《信息安全技术个人信息安全规范》在保护隐私数据方面开拓了具有较强操作性的实践新局面。制度的不断跟进，有效促进了信息化建设对国家治理体系现代化的积极推动作用，为智慧城市建设打下了牢固的基础。

没有网络安全就没有经济社会的稳定发展，就无法保障广大人民群众的根本利益。同时，互联网、数字技术的应用造福了人类，是社会发展的大势所趋，针对网络安全问题，不能因噎废食。国务院出台的《关于大力推进信息化发展和切实保障信息安全的若干意见》中强调要“加快能力建设，提升网络与信息安全保障水平”，要“提升网络与信息安全监管能力”，也要“加快技术攻关和产业发展”，可见，提升网络与信息安全保障水平不仅要重“监管”，还要重“发展”。习近平总书记创造性地提出了与发展相结合的网络安全观，他强调：“安全是发展的前提，发展是安全的保障，安全和发展要同步推进。”这明确地表示中国将坚定不移地推动新兴技术的发展和运用，掌握互联网发展的主动权，加大对核心技术的攻关，同时积极构筑网络安全防线，以技术管技术，综合运用各方面掌握的数据资源，发挥协同治理的合力，加强监管，化解风险。

《关于促进智慧城市健康发展的指导意见》中指出智慧城市建设的基本原则为：“以人为本，务实推进”“因地制宜，科学有序”“市场为主，协同创新”“可管可控，确保安全”。智慧城市发展的主要目标为：“到2020年，建成一批特色鲜明的智慧城市，聚集和辐射带动作用大幅增强，综合竞争优势明显提高，在保障和改善民生服务、创新社会管理、维护网络安全等方面取得显著成效。”智慧城市建设的四项原则前三项是强调发展和如何发展，最后一项强调网络和信息安全。在智慧城市建设的主要目标中同样是强调以城市发展为主题的“聚集带动”“优势提高”“改善民生”“创新管理”和“网络安全”的紧密结合。可见，政府引导、统筹智慧城市建设，必须要在促进发展中寻找生机，在维护安全中扎稳根基，始终贯彻与发展相结合的网络安全观，切实协调好发展与安全的关系，坚定地落实发展责任、明确安全责任，全方位保障智慧城市建设顺利推进。

# 参考文献

## 著作类：


[1] 高尚全：《政府转型——献给改革开放30年》，北京：经济科学出版社2008年版。

[2] 陈振明等：《公共服务导论》，北京：北京大学出版社2011年版。

[3] 张恒山：《法理要论（第三版）》，北京：北京大学出版社2016年版。

[4] 张文显：《法哲学范畴研究》（修订版），北京：中国政法大学出版社2001年版。

[5] 苏晓宏：《法理学原理》，北京：法律出版社2013年版。

[6] 罗豪才主编：《行政法学》，北京：北京大学出版社1996年版。

[7] 郭道晖：《法的时代精神》，长沙：湖南出版社1997年版。

[8] 杨海坤：《市场经济、民主政治和法治政府》，北京：中国人事出版社1997年版。

[9] 王继军：《公法与私法的现代诠释》，北京：法律出版社2008年版。

[10] 陈鉴波：《现代政治学》，台北：三民书局1974年版。

[11] 马起华：《政治制度》，台北：台湾商务印书馆1978年版。

[12] 萨孟武：《政治学》，台北：三民书局1986年版。

[13] 邓正来编：《西方法律哲学文选》，北京：法律出版社2008年版。

[14] 王学辉、宋玉波：《行政权研究》，北京：中国检察出版社2002年版。

[15] 杨解君主编：《行政责任问题研究》，北京：北京大学出版社2005年版。

[16] 刘祖云：《行政伦理关系研究》，北京：人民出版社2007年版。

[17] 李建华、左高山主编：《行政伦理学》，北京：北京大学出版社2010年版。

[18] 刘淑妍等：《当代中国政府与政治》，北京：中国社会科学出版社2016年版。

[19] 王美文：《当代中国政府公务员责任体系及其实现机制研究》，北京：人民出版社2008年版。

[20] 陈群民：《打造有效政府——政府流程改进研究》，上海：上海财经大学出版社2012年版。

[21] 李军鹏：《公共服务学》，北京：国家行政学院出版社2007年版。

[22] 蒋劲松：《责任政府新论》，北京：社会科学文献出版社2005年版。

[23] 陈毅：《责任政府的建设——理性化构建与民主化善治》，北京：北京大学出版社2012年版。

[24] 李军鹏：《责任政府与政府问责制》，北京：人民出

版社 2009 年版。

[25] 王锡锌：《公众参与和行政过程——一个理念和制度分析的框架》，北京：中国民主法制出版社 2007 年版。

[26] 杨信礼：《重读〈实践论〉〈矛盾论〉》，北京：人民出版社 2017 年版。

[27] 郭景萍：《情感社会学：理论·历史·现实》，上海：上海三联书店 2008 年版。

[28] [美] L. 科塞：《社会冲突的功能》，孙立平等译，北京：华夏出版社 1989 年版。

[29] [美] 罗尔斯：《正义论》，何怀宏等译，北京：中国社会科学出版社 1988 年版。

[30] [美] H. L. Hart：《惩罚与责任》，王勇等译，北京：华夏出版社 1989 年版。

[31] [奥] 凯尔森：《法与国家的一般理论》，沈宗灵译，北京：中国大百科全书出版社 1995 年版。

[32] [法] 莱昂·狄骥：《公法的变迁》，郑戈、冷静译，沈阳：辽海出版社、春风文艺出版社 1999 年版。

[33] [美] E·博登海默：《法理学、法律哲学与法律方法》，邓正来译，北京：中国政法大学出版社 2010 年版。

[34] [美] 赫伯特 A. 西蒙：《管理行为》，詹正茂译，北京：机械工业出版社 2017 年版。

[35] [英] 马丁·洛克林：《公法与政治理论》，郑戈译，北京：商务印书馆 2013 年版。

[36] [美] 布雷恩·Z. 塔玛纳哈：《论法治——历史、政治和理论》，李桂林译，武汉：武汉大学出版社 2010 年版。

[37] [德] 卡尔·施密特：《论法学思维的三种模式》，苏慧婕译，北京：中国法制出版社 2012 年版。

[38] [日] 盐野宏：《行政法》，杨建顺译，北京：法律

出版社 1999 年版。

[39] [美] 杰里·马肖:《贪婪、混沌和治理》,宋功德译,北京:商务印书馆 2009 年版。

[40] [英] 卡尔·波兰尼:《巨变:当代政治与经济的起源》,黄树民译,北京:社会科学文献出版社 2017 年版。

[41] [英] 雷蒙德·普兰特:《当代政治理论》,应奇、刘训练主编,张国栋译,长春:吉林出版集团有限责任公司 2015 年版。

[42] [美] 特里·L·库珀:《行政伦理学:实现行政责任的途径(第五版)》,张秀琴译,音正权校对,北京:中国人民大学出版社 2017 年版。

[43] [美] 罗斯科·庞德:《通过法律的社会控制》,沈宗灵译,北京:商务印书馆 2013 年版。

[44] [澳] 皮特·凯恩:《法律与道德中的责任》,罗李华译,北京:商务印书馆 2008 年版。

[45] [美] 曼瑟尔·奥尔森:《集体行动的逻辑》,陈郁等译,上海:上海人民出版社 1995 年版。

[46] [美] 曼瑟·奥尔森:《权力与繁荣》,苏长和、嵇飞译,上海:上海世纪出版集团 2014 年版。

[47] [英] 肯尼迪·E·博尔丁:《权力的三张面孔》,张岩译,北京:经济科学出版社 2012 年版。

[48] [澳] 欧文·E·休斯:《公共管理导论》,北京:中国人民大学出版社 2001 年版。

[49] 世界银行:《2004 年世界发展报告:让服务惠及穷人》,北京:中国财政经济出版社 2004 年版。

[50] [美] B·盖伊·彼得斯:《政府未来的治理模式》,吴爱明、夏宏图译,北京:中国人民大学出版社 2014 年版。

[51] 王克稳:《政府合同研究》,苏州:苏州大学出版社

2007 年版。

[52] [美] 朱迪·弗里曼：《合作治理与新行政法》，毕洪海、陈标冲译，北京：商务印书馆 2010 年版。

[53] [美] 珍妮特·V·登哈特、罗伯特·B·登哈特：《新公共服务：服务，而不是掌舵》，丁煌译，北京：中国人民大学出版社 2010 年版。

[54] [美] 文森特·奥斯特罗姆：《美国公共行政的思想危机》，毛寿龙译，上海：上海三联书店 1999 年版。

[55] [美] 彼得·布劳：《社会生活中的交换与权力》，孙非等译，北京：华夏出版社 1988 年版。

[56] [美] E·M·罗杰斯：《创新的扩散（第五版）》，唐兴通、郑常青、张延臣译，北京：中国工信出版集团、电子工业出版社 2016 年版。

[57] 中国信息通信研究院、中国欧盟政策对话支持项目：《中欧智慧城市比较研究报告（2014）》，北京：商务印书馆 2015 年版。

[58] 新型智慧城市建设部际协调工作组编著：《新型智慧城市发展报告（2015—2016）》（上下卷），北京：中国计划出版社 2016 年版。

[59] 新型智慧城市建设部际协调工作组编著：《新型智慧城市发展报告（2017）》，北京：中国计划出版社 2017 年版。

[60] 国家智慧城市标准化总体组，吕卫锋主编：《国家新型智慧城市评价指标和标准体系应用指南》，北京：电子工业出版社 2017 年版。

[61] 陈畴镛、王磊、周青：《网络强国战略与浙江实践》，北京：科学出版社 2016 年版。

[62] 陆铭：《大国大城：当代中国的统一、发展与平衡》，上海：上海人民出版社 2016 年版。

[63] 吴红辉：《智慧城市实践总论》，北京：人民邮电出版社2017年版。

[64] 郁建生、林珂、黄志华等：《智慧城市——顶层设计与实践》，北京：人民邮电出版社2017年版。

[65] 杨正洪：《智慧城市：大数据、物联网和云计算之应用》，北京：清华大学出版社2014年版。

[66] [美] 罗伯特·E帕克等：《城市：有关城市环境中人类行为研究的建议》，渠敬东主编，杭苏红译，北京：商务印书馆2016年版。

[67] [英] 彼得·霍尔：《文明中的城市》，王志章等译，北京：商务印书馆2016年版。

[68] [美] 亨利·丘吉尔：《城市即人民》，吴家琦译，武汉：华中科技大学出版社2016版。

[69] [美] 爱德华·格莱泽：《城市的胜利》，刘润泉译，上海：上海社会科学院出版社2012年版。

[70] [德] 克劳斯·施瓦布：《第四次工业革命转型的力量》，李菁译，北京：中信出版社2016年版。

[71] [美] 卡罗尔·L·斯蒂梅尔：《智慧城市建设——大数据分析、信息技术与设计思维》，李晓峰译，北京：机械工业出版社2017年版。

[72] [美] 威廉·J·米切尔：《比特之城：空间·场所·信息高速公路》，范海燕、胡泳译．北京：生活·读书·新知三联书店1999年版。

[73] [美] 阿莱克斯·彭特兰：《智慧社会：大数据与社会物理学》，汪小帆、汪容译，杭州：浙江人民出版社2015年版。

[74] [美] 艾伯特-拉斯洛·巴拉巴西：《爆发：大数据时代预见未来的新思维》，马慧译，北京：中国人民大学出版

社 2012 年版。

[75] [英] 维克托·迈尔–舍恩伯格、肯尼斯·库克耶：《大数据时代：生活、工作与思维的大变革》，杭州：浙江人民出版社 2013 年版。

[76] [美] 乔纳森·布朗：《自我》，陈浩莺等译，北京：人民邮电出版社 2017 年版。

[77] [美] 加里·R·卡比、杰弗里·R·古德帕斯特：《思维》，韩广忠译，北京：中国人民大学出版社 2010 年版。

## 论文类：

[1] 高小平：《创新行政管理体制和机制，建设服务型政府》，《中国行政管理》2008 年第 1 期。

[2] 郭小聪：《论国家职能与政府职能》，《中山大学学报（社会科学版）》1997 年第 2 期。

[3] 田穗生：《对政府职能的理论分析》，《江汉论坛》1998 年第 4 期。

[4] 吕同舟：《国内近年来关于政府职能转变的研究：论域聚焦、逻辑转向与研究展望》，《社会主义研究》2015 年第 4 期。

[5] 吴新平、张庆福：《论我国的政府职能》，《学术交流》1989 年第 2 期。

[6] 李峻登：《政府职能理论与政府职能转变必然性》，《行政论坛》1996 年第 3 期。

[7] 王澜明：《社会主义市场经济体制下的政府职能定位》，《中国行政管理》2005 年第 1 期。

[8] 马建堂：《“放、管、服”三管齐下加快转变政府职能》，《行政管理改革》2015 年第 9 期。

[9] 孟庆国：《简政放权背景下创新政府职能管理的方法

路径》，《国家行政学院学报》2015年第4期。

[10] 唐铁汉、李军鹏：《公共服务的理论演变与发展过程》，《新视野》2005年第6期。

[11] 郭俊华：《电子政务环境下的服务型政府建设》，《毛泽东邓小平理论研究》2010年第12期。

[12] 俞可平：《治理和善治：一种新的政治分析框架》，《南京社会科学》2001年第9期。

[13] 刘永谋：《科学、技术与公共政策研究述评》，《中国人民大学学报》2013年第3期。

[14] 尹文娟：《关于"技术修正"的思考》，《自然辩证法研究》2013年第5期。

[15] 牛文元：《智慧城市是新型城镇化的动力标志》，《中国科学院院刊》2014年第1期。

[16] 李德仁、姚远、邵振峰：《智慧城市的概念、支撑技术及应用》，《工程研究——跨学科视野中的工程》2012年第4期。

[17] 邓贤峰、张晓伟：《城市"智慧化"发展的趋势研究》，《电子政务》2011年第4期。

[18] 陈缘：《大数据环境下智慧城市建设的问题与对策研究》，《经营管理者》2016年第11期。

[19] 吴超、吴毅、罗昊宇：《智慧城市推进城市治理能力现代化路径研究》，《中国管理信息化》2018年第1期。

[20] 刁生富、姜德峰：《论新型智慧城市的核心价值导向》，《中国管理信息化》2018年第1期。

[21] 费军、贾慧真：《智慧政府视角下政务App提供公共服务平台路径选择》，《电子政务》2015年第9期。

[22] 曲丽涛：《公民社会与有限责任政府的构建》，《宁夏党校学报》2009年第3期。

[23] 霍亮、杨柳：《云架构下智慧政府服务模式研究》，《现代情报》2016 年第 7 期。

[24] 汪玉凯：《中国电子政务的发展展望》，《中国信息界》2010 年第 4 期。

[25] 赵钉、陈贵梧：《从电子政务到智慧政务：范式转变、关键问题及政府应对策略》，《情报杂志》2013 年第 1 期。

[26] 郭渐强、苏蔚：《智慧政府视角下降低行政决策成本研究》，《广西社会科学》2017 年第 8 期。

[27] 邵娜：《互联网时代政府模式变革的逻辑进路》，《海南大学学报（人文社会科学版）》2016 年第 1 期。

[28] 张劲松：《标准化："互联网+政务服务"的顶层制度设计》，《中国行政管理》2016 年第 7 期。

[29] 王舵：《"互联网+政务"：电子政务发展新模式》，《人民论坛》2016 第 23 期。

[30] 后向东：《"互联网+政务"：内涵、形势与任务》，《中国行政管理》2016 年第 6 期。

[31] 翟云：《"互联网+政务"：现实挑战、思维变革及推进路径》，《行政管理改革》2016 年第 3 期。

[32] 袁曙宏：《大力推进法治政府建设》，《求是》2006 年第 18 期。

[33] 肖北庚：《论法治政府之外在规定性》，《河北法学》2007 年第 2 期。

[34] 刘祖云：《法治政府："德性"内涵的三重解析》，《江苏社会科学》2008 年第 4 期。

[35] 黄爱宝：《法治政府构建与政府生态法治建设》，《探索》2008 年第 1 期。

[36] 王勇：《法治政府理念的标准探析》，《科学社会主义》2011 年第 5 期。

[37] 马凯：《关于建设中国特色社会主义法治政府的几个问题》，《国家行政学院学报》2011 年第 5 期。

[38] 课题组：《法治政府建设有关问题研究》，《中国行政管理》2012 年第 4 期。

[39] 杨小军：《论法治政府新要求》，《行政法学研究》2014 年第 1 期。

[40] 杨海坤：《“四个全面”战略布局下如何全面推进法治政府建设》，《法学评论》2015 年第 5 期。

[41] 胡洪彬：《法治政府建设：理论依据与实践出路》，《求索》2015 年第 4 期。

[42] 杨海坤：《走向法治政府：历史回顾、现实反思、未来展望》，《山东大学学报》2015 年第 5 期。

[43] 罗豪才、周强：《法治政府建设中的软法治理》，《江海学刊》2016 年第 1 期。

[44] 朱新力、吴欢：《互联网+时代法治政府建设畅想》，《国家行政学院学报》2016 年第 2 期。

[45] 姜明安：《论新时代中国特色法治政府建设》，《北京大学学报》2018 年第 1 期。

[46] 姜明安：《法治政府建设的四个关键点》，《人民论坛》2018 年第 13 期。

[47] 余军：《法律责任概念的双元价值构造》，《浙江学刊》2005 年第 1 期。

[48] 余军、朱新力：《法律责任概念的形式构造》，《法学研究》2010 年第 4 期。

[49] 吴开松、张中祥：《有效政府的理论基础及其构建》，《中国行政管理》2001 年第 10 期。

[50] 吴开松：《论有效政府》，《江汉论坛》2002 年第 1 期。

[51] 毛寿龙：《有效政府的基本价值》，《天津行政学院学报》2003 年第 1 期。

[52] 郭艳华：《有效政府：地方政府的角色定位》，《广东行政学院学报》，2003 年第 4 期。

[53] 王臻荣、邹祥波：《试论我国现阶段有效政府的构建与路径选择》，《政治学研究》2005 年第 2 期。

[54] 王丽华：《有效政府：当代行政改革的价值取向》，《北京行政学院学报》2005 年第 5 期。

[55] 刘俊月、王力：《中国行政管理体制改革：从有限政府到有效政府》，《中南林业科技大学学报（社会科学版）》2010 年第 3 期。

[56] 姜杰、蒋文丽、梁贝贝：《行政定位的演变与“有效政府”》，《中国行政管理》2014 年第 11 期。

[57] 王国胜、宫奕璐：《有限且有效政府的关键要素和驱动引擎探论》，《河南师范大学学报（社会科学版）》2016 年第 1 期。

[58] 王前、吴理财：《公共文化服务可及性评价研究：经验借鉴与框架建构》，《上海行政学院学报》2015 年第 3 期。

[59] 张成福：《责任政府论》，《中国人民大学学报》2000 年第 2 期。

[60] 李景鹏：《政府的责任和责任政府》，《国家行政学院学报》2003 年第 5 期。

[61] 周庆行、王洪增：《论现代责任政府》，《南都学坛》2006 年第 1 期。

[62] 刘祖云：《“责任政府”及其实现途径——当代中国公共行政责任理论研究反思》，《江苏社会科学》2005 年第 1 期。

[63] 张贤明：《论政治责任的相对性》，《政治学研究》

2001 年第 4 期。

[64] 扶松茂：《责任政府与政府改革》，《学术论坛》2002 年第 1 期。

[65] 薄建国：《教育行政问责中的法律责任、政治责任和道德责任》，《现代教育管理》2011 年第 8 期。

[66] 仲亚东：《生态文明建设中的政府责任：政治责任与行政责任》，《吉首大学学报（社会科学版）》2015 年第 5 期。

[67] 高秦伟：《架构政府责任体系的理论探讨》，《行政与法》2002 年第 1 期。

[68] 蔡放波：《论政府责任体系的构建》，《中国行政管理》2004 年第 4 期。

[69] 盛邦跃、刘祖云：《责任、责任政府与责任政治》，《南京农业大学学报（社会科学版）》2004 年第 1 期。

[70] 俞德鹏：《政治法律责任：政治责任与法律责任的交叉域》，《宁夏社会科学》2017 年第 1 期。

[71] 史际春、邓峰：《合同的异化与异化的合同——关于经济合同重新定位问题》，《法学研究》1997 年第 3 期。

[72] 林华：《因参与、透明而进步：互联网时代下的公众参与和政府信息公开》，《行政法学研究》2009 年第 2 期。

[73] 王金水：《公民网络政治参与与政治稳定》，《中国行政管理》2011 年第 5 期。

[74] 金毅、许鸿艳：《当代中国公民网络政治参与的特征、困境与出路困》，《中州学刊》2013 年第 3 期。

[75] 张洋：《互联网时代，社会动员怎么破——以 BRICS 原则为指导的参与式社会动员探析》，《市场研究》2015 年第 11 期。

[76] 李霞：《“互联网+”时代公众参与的法律规制》，《哈尔滨工业大学学报》2016 年第 6 期。

[77] 陈运雄、罗甜甜：《公众基于互联网参与公共政策制定的问题与对策》，《湖南农业大学学报》2017 年第 2 期。

[78] 陈保中、韩前广：《互联网时代公众参与公共政策过程的逻辑进路》，《上海行政学院学报》2018 年第 3 期。

[79] 马怀德：《法治政府建设重点在哪》，《学习时报》2015-11-9。

[80] 袁曙宏：《建设法治政府》，《人民日报》2017-12-27。

[81] 任勇：《服务型政府建设在改革开放中深入推进》，《人民日报》2018-09-09。

[82] 盛玉雷：《激发“城市成功学”中的改革伟力》，《人民日报》2018-07-04。

# 后　记

近年来，研究智慧城市的书籍和文章越来越多，但毋庸讳言，关于智慧城市的研究，我们还需要投入更多的资源、付出更大的努力。智慧之人创造智慧之城。政府在统筹智慧城市建设的过程中鼓励创新、集合创新、成就创新，我们应当关注其中的变化与革新，更应当探究什么才是这一历程永久不变的价值与目的。这是我创作文稿的初衷，亦是我持续研究的指引。

科研贵在坚持，坚持满载希望。在解决一个又一个问题的过程中，我对命题的认识不断加深。文稿的内容逐步完善，丰富了下一研究阶段的积累，求知的征程被赋予了更强的使命感。这是一条荆棘之路，燃烧着热情之火。点燃这火焰的是科研求索的好奇心，更是家人、亲友的支持与关爱。父母对我默默奉献，不辞辛劳承担家务、照顾幼儿。朋友们不厌其烦地帮助收集资料、讨论细节。还有我那可爱的小儿郎，与我两张书桌、一双明灯，共同奋战在各自的求知之路上，孜孜不倦。感谢师长的培养、合肥工业大学出版社的支持，感恩你们的给予。未来，我不会懈怠。

“凡益之道，与时偕行”。今天即将逝去，明天又会是一个新的开始……

吴　楠

2018 年 10 月 19 日

**图书在版编目(CIP)数据**

智慧城市建设的政府责任/吴楠著. —合肥:合肥工业大学出版社,2018.12

ISBN 978-7-5650-4303-1

Ⅰ.①智… Ⅱ.①吴… Ⅲ.①现代化城市—城市建设—政府职能—研究—中国 Ⅳ.①F299.2②D630.1

中国版本图书馆 CIP 数据核字(2018)第 276858 号

**智慧城市建设的政府责任**

吴 楠 著　　　责任编辑 朱移山

| | | | |
|---|---|---|---|
| 出 版 | 合肥工业大学出版社 | 版 次 | 2018 年 12 月第 1 版 |
| 地 址 | 合肥市屯溪路 193 号 | 印 次 | 2018 年 12 月第 1 次印刷 |
| 邮 编 | 230009 | 开 本 | 710 毫米×1010 毫米 1/16 |
| 电 话 | 人文编辑部:0551-62903310 | 印 张 | 14.25 |
| | 市场营销部:0551-62903198 | 字 数 | 145 千字 |
| 网 址 | www.hfutpress.com.cn | 印 刷 | 安徽联众印刷有限公司 |
| E-mail | hfutpress@163.com | 发 行 | 全国新华书店 |

ISBN 978-7-5650-4303-1　　　定价:38.00 元